八段锦

张　逢◎编著

天津出版传媒集团
天津科技翻译出版有限公司

图书在版编目（CIP）数据

八段锦 / 张逢编著. -- 天津 : 天津科技翻译出版有限公司, 2025. 8. -- ISBN 978-7-5433-4782-3

Ⅰ. G852.9

中国国家版本馆 CIP 数据核字第 2025G9B633 号

八段锦

BA DUAN JIN

出　　版：天津科技翻译出版有限公司
出 版 人：方　艳
地　　址：天津市和平区西康路 35 号
邮政编码：300051
电　　话：（022）87894896（发行科）（022）87895660（营销部）
网　　址：www.tsttpc.com
印　　刷：天津海德伟业印务有限公司
经　　销：新华书店
版本记录：640mm×910mm　16 开本　10 印张　125 千字
2025 年 8 月第 1 版　2025 年 8 月第 1 次印刷
定价：69.00 元

前　言

八段锦作为中华传统导引术的瑰宝，历经千年传承而不衰，其简便易行的动作中蕴含着古人对生命与健康的深刻洞见。编写这本《八段锦》，既是对这一古老智慧的梳理与呈现，也是希望能为当代人搭建一座连接传统与健康的桥梁。

追溯八段锦的源流，从汉唐导引术的萌芽到宋代的成形与流传，从明清的发展嬗变到现代的创新与推广，它始终扎根于中华传统文化的土壤，融合了中医、哲学等多方面的智慧。这套功法看似简单的八个动作，实则暗合“形神相合、气蕴其中”的道理，既强调肢体的舒展与协调，更注重意念的专注与呼吸的调和，力求通过动静相济、松紧相宜的练习，实现身心的平衡与和谐。

在编写过程中，本书以传统立式八段锦为基础，结合现代科学研究与实践经验，系统阐述了八段锦的源流特色、旨要功效、基本内容与定势动作，更融入了实践要领与练习规律。从手型、步型、身型的规范，到呼吸方式与意念调控的技巧；从每一式动作的细节拆解，到练习中的注意事项，我们力求做到通俗易懂、科学实用，让不同年龄、不同基础的练习者都能从中获益。

八段锦的价值，不仅在于它能增强体质、改善内脏功能、促进心理健康，更在于它能让人在快节奏的生活中寻得一份宁静，在一招一式中体悟“心舒身展、圆活融通”的境界。无论你是希望通过锻炼改善身体状况，还是想探索传统养生文化的奥秘，相信这套功法都能为你提供有益的指引。

愿这本《八段锦》能成为你健康之路上的良伴，让我们一同在传承中实践，在实践中感悟，收获身心的健康与平和。

目 录

第一章　八段锦的源流与特色

第二章　八段锦的旨要与功效

第三章　八段锦的基本内容与定势动作

第四章　八段锦的实践要领

第五章　八段锦的练习与规律

附录　运动养肾常识

第一章

八段锦的源流与特色

八段锦是我国传统导引功法，此功法历史悠久，简便易行，功效显著，广受人们的喜爱，在我国古老的导引术中，八段锦是其中影响最深远的一种。早在唐朝的文献中就已经有了八段锦动作的相关记载，其在宋朝成形并广为流传。当时八段锦分为坐式、立式两种，元明时期之后，八段锦迎来快速发展时期，也有诸多文献对其进行了翔实的记载。直到现在，我国专家在传统立式八段锦的基础上重新编创，使八段锦享誉全球。健身气功推广功法目录由国家体育总局健身气功管理中心颁布，由多位专家学者以科研课题方式编创，并经过科学论证后著成，其中包括八段锦等11种功法，功法源流有序、原理科学、简单易学、效果明显，蕴含着丰富的中华优秀传统文化。

八段锦的起源与成形

由于缺乏相关文献的支撑，八段锦的创始人目前仍未知晓。但就目前已有资料的记载，我们可以在汉朝的相关文献中一窥八段锦部分导引术式的萌芽。例如，西汉帛画《导引图》于 1973 年湖南长沙马王堆三号汉墓出土，长 133 厘米，宽 51 厘米，现收藏于湖南博物院，该图是一幅彩绘的导引练功图，其中多幅图记载的图势与我们现在熟知的八段锦的招式相似度极高，如“背后七颠百病消”“调理脾胃须单举”等。又如，晋唐之际，陶弘景所撰的《养性延命录》中记载的“双手前筑势”等，隋朝巢元方等所撰的《诸病源候论》中记述了很多强身健体的方法，内容包括真人起居法、四时摄生、保养精气神、饮食禁忌等，唐朝孙思邈所著的《备急千金要方》中记载的“以手如挽五石力弓”等，都与我们现在接触的八段锦动作有相似之处，并对八段锦的形成起到奠基的作用。

“八段锦”一词的提出与东晋的医药学家葛洪密切相关，他在《神仙传・栾巴》中提到“士大夫学道者多矣，然所谓八段锦、六字气……”但书中仅提到这一词，却不见其他详细阐述。南宋初期，曾慥在《临江仙》附记中介绍了钟离权，也就是我们所说的“汉钟离”与八段锦的相关事迹。“钟离先生八段锦，吕公手书石壁上，因传于世”，说的是八段锦是由钟离权所创，并由徒弟吕洞宾记载下来，使其所学能够尽数流传下来。曾慥生于宋代，以道家养生之法为乐，所以对钟离权、吕洞宾二人十分崇拜，并与这二人生活的年代仅相差 100 多年，所以该文献所载并非妄言。事实上，他不仅记述了钟离权所创的八段锦，更介绍了其他八段锦的相关内容，这些在他的《临江仙》附记中均有记载。

两宋时期，八段锦的两种形式——立式、坐式，已经初见雏形。其中，坐式主要来自钟离八段锦功法，记载在《正统道藏·修真十书·杂著捷径》《修真十书》中，而以前者为最早。《修真十书》记载如下：

“闭目冥心坐，握固静思神。
叩齿三十六，两手抱昆仑。
左右鸣天鼓，二十四度闻。
微摆撼天柱，赤龙搅水浑。
漱津三十六，神水满口匀。
一口分三咽，龙行虎自奔。
闭气搓手热，背摩后精门。
尽此一口气，想火烧脐轮。
左右辘轳转，两脚放舒伸。
叉手双虚托，低头攀足频。
以候逆水上，再漱再吞津。
如此三度毕，神水九次吞。
咽下汩汩响，百脉自调匀。
河车搬运讫，发火遍烧身。
邪魔不敢近，梦寐不能昏。
寒暑不能入，灾病不能迍。
子后午前作，造化合乾坤。
循环次第转，八卦是良因。”

由此可见，钟离八段锦是坐式的，充满阴阳、五行的中国哲学思想，并且借助导引、吐纳、存思等方法，可达到祛病延年、强身健体的效果。

立式八段锦在宋代也已有相关文献的记载。例如，北宋蒲虔贯所撰的《保生要录》，是他结合自身经验编制的："其术简易，乘闲可行。先欲固其正气，次欲调其肢体。至于衣服居处，药饵之方，蔬果禽鱼之性，有益者必录，无补者不书。古方有误者重明，俗用或乖者必正，目之曰《保生要录》。"其中的"调肢体门"属一日养生导引法，也是立式八段锦的雏形。其一，"故手足欲时其屈伸，两臂欲左挽右挽如挽弓法"，类似于八段锦"左右开弓似射雕"，只是动作更随意，重"挽弓"意；其二，"或双手双拓如拓石法"，类似于八段锦"双手托天理三焦"式；其三，"或双拳筑空"，类似于八段锦的"怒目攒拳"式；其四，"或头项左右顾"，即单纯扭头左右转动，类似于八段锦"五劳七伤向后瞧"的头部动作，如果把手臂摆动加进来，就和现在八段锦"向后瞧"动作相差无几了；其五，"或腰胯左右转，时俯时仰"，类似于八段锦"摇头摆尾去心火"，即腰胯转动，上身随着前倾后仰，而如果把前倾后仰单独提出来，就是"攀足固肾腰"动作。但这些文献中没有提炼出"八段锦"的名称，也没有出现"导引术"一词。

又如，曾慥的《道枢·众妙篇》也介绍了导引动作，尽管也没有明确提到准确的名称，但从其内容来看，已与我们现在接触的八段锦动作和功法相当接近了。《道枢·众妙篇》记载如下：

"至游子曰：仰掌上举，以治三焦也。左肝右肺，如射雕焉。东西独托，所以安其脾胃矣。反复而顾，所以理其伤劳矣。大小朝天，所以通其五脏矣。咽津补气，左右挑其手，摆鳝之尾，所以祛心之疾矣。左右手以攀其足，所以治其腰矣。"

从行文格式来看，曾慥并没有将所述功法进行歌诀化，其名称、步骤也与现在所见八段锦有所差距，但总体框架却是相似的。

再如，南宋陈元靓所著《事林广记·修真秘旨》中的《吕真人安乐法》一文也记载了相似的内容，并从其内容可见当时八段锦的功法已经趋于完善。其内容如下：

“昂首仰托顺三焦；左肝右肺如射雕；
东脾单托兼西胃；五劳回顾七伤调；
鳝鱼摆尾通心气；两手搬脚定于腰；
大小朝天安五脏；漱津咽纳指双挑。”

两宋之际，八段锦已被编撰成书。“更编道书八十卷。又别有一书，甚少，名《八段锦》”（出自《朱子语类》），朱熹认为，曾慥不仅编了八十卷道书，而且撰写了《八段锦》。但那些文献是否确为曾慥所著，尚不明确，仍有待考证。

八段锦发展到后期，已经相当成熟了，主要表现在歌诀简明、动作易行、收效奇佳，所以士人等都争相学习。例如，南宋洪迈所著《夷坚志·八段锦》这样写道：“政和七年，李似矩为起居郎……尝以夜半时起坐，嘘吸按摩，行所谓八段锦者。”这里讲的是北宋李似矩练习八段锦的事，所谓“嘘吸按摩”应该就是现在八段锦中提到的“呼吸吐纳”“按摩导引”之法。又如，南宋王明清所撰《挥麈录》提到，“陆务观《清尊录》言：‘老内侍见林灵素于蜀道。’季次、仲季自云：‘尝过姚平仲于庐山，受其八段锦之术。’”文中提到的人物都是北宋时期的道士。而朱熹更是亲眼所见八段锦给人带来的强身健体、延年益寿的功效，他感叹道：“愚四十年前注《参同契》时，见吕四行八段锦，诧其老健，每窃笑之。逮今思之，《参同契》之学实屠龙术，不如吕四行之宰猪术也！”再如，托名东晋许逊（实为南宋人）所著《灵剑子引导子午记》的“导引诀”，不仅仅是简单地记述八段锦的导引动作，还对其进行了相应的解释，明确了练习的次数。其内容如下：

“并闭息。为之息满，急则微微吐放。

“仰托一度理三焦。双手极力向上，如擎天状托之，左右各三次。

“左肝右肺如射雕。先左引，次右引，极力为之如前。

“东肝单托西通肾。右手握固，柱右肾堂，左手极力托之。左手握固，柱左肾堂，右手极力托之。左右各三次。

“五劳回顾七伤调。右手抱左肘则左顾，左手抱右手则右顾，皆极力三作。

“游鱼摆尾通心脏。双展两臂摆之，数多为妙。

“手攀双足理于腰。正坐舒展双足，以双手取足心，极力三攀之。

“次鸣天鼓三十六，双手掩耳后头敲。双手紧掩两耳，叩齿三十六下，以第二指敲耳后骨。”

我们可以看到，除“并闭息”“鸣天鼓”外的其余动作都与《道枢·众妙篇》中记载的动作相似。此时的八段锦已逐渐趋向程式化，变得更加规范了。

八段锦的发展与嬗变

到了明朝，八段锦的发展已经达到高潮。在此期间，八段锦已经拥有成熟的歌诀、功法和套路，人们对八段锦已经耳熟能详。

作为坐式八段锦的代表，钟离八段锦已被明清时期各大养生家所追捧，而这一时期的相关著作如雨后春笋般涌现出来。通过研究已有的相关文献，我们发现该时期的钟离八段锦没有改变前人所传的功法歌诀和内容，而在功法名称上做出了较大的改动，派生出了许多新说法，如“八段锦导引法”“钟离祖师八段锦导引法”“八段锦导引法图”“导引八图”“活人八法”等。很多著作中也都辑录了坐式八段锦的内容，如《夷门广牍》《三才图会》《古今医统》等。这些作者们充满了创作八段锦的热忱，经过自身的刻苦研习，在八段锦的基础上，创作出了“十二段锦”“十六段锦”等功法。

就立式八段锦而言，它在晚清时期已在民间广为流传了，因为它有着朗朗上口的歌诀、便于记忆的动作和祛病强身的功效。例如，清朝梁世昌所著《易筋经外经图说》就绘制了“八段锦图”，即“双手托天理三焦，左右开弓似射雕，调理脾胃须单举，五劳七伤往后瞧，摇头摆尾去心火，背后七颠百病消，攥拳怒目增气力，双手攀足固肾腰”。《幼学操身》《新出保身图说》也记载了这段歌诀。这个版本的八段锦首次将“八段锦”之名运用在“导引术”之上进行替代，并将之前的种种内容、名称、功法都加以固定，针对各环节进行了关于练习方法、次数、标准等的概述，成为后来立式八段锦的原型，影响极其深远。例如，《八段锦坐像立像》中的八段锦动作就以该版本为编写依据。

立式八段锦在后来的流传过程中还发展出了不同的流派。例如，清朝娄杰所著《八段锦坐立功图诀》《易筋经外经图说 · 外壮练力奇验图》《八段锦体操图 12 式》等都出自习武人，当时其主要被当作养生功法和武术基本功进行练习。根据各方文献记载，我们可以确定立式八段锦主要分为北派和南派。北派动作以马步为主，传说是岳飞所传；南派动作以站式为主，假托梁世昌所传。民间以强身健体为目的练习的八段锦，其实属于南派。而娄杰书中所述的“天擎”“猿捷”“虎狞”“燕急”等词充满杀伐凌厉之气，展现出了宏大的胸怀和磅礴的气势，应属北派。总而言之，无论是北派还是南派，其实都同属一脉，文献中有关传人的记载未有明确的史料佐证，尚不可信。

八段锦的创新与推广

中华人民共和国成立后的10年内，我国在全国范围内陆续成立了数十家气功医疗单位，这为流传千年的八段锦提供了更加肥沃的土壤。20世纪50年代，人民体育出版社共出版过4套内容为八段锦功法的书籍，分别由卓大宏、马凤阁、唐豪等编著，其中一套主要介绍坐式八段锦，其他3套介绍立式八段锦。尽管各套书籍在歌诀、功法、套路上各有不同，但均以梁世昌所著的为刊印蓝本。随后，人民体育出版社针对八段锦的传统功法进行了深入研究和整理，使其更加深入人心。20世纪70年代末，中医学、体育院校相继将立式八段锦作为民族传统体育项目正式课程引入校园，这促使了更多的年轻人学习祖国的传统体育项目，加快了八段锦的传承和发展。尽管如此，社会上仍然流传着其他形式的八段锦功法，但大都是传统八段锦的变式，虽然仍被称为“传统八段锦”，实际上已经是人们后来自创的功法了。20世纪八九十年代，人民群众锻炼八段锦的热情高涨，社会上大量传统八段锦已经被创编为多种形式，但也有居心叵测之人打着练习八段锦的旗号，宣传迷信思想，煽动人民群众，侵占人民群众的利益，使人民群众的经济、精神受到重大伤害，并逐渐影响社会的安定团结，危害政治稳定，自此先辈智慧的结晶、中华民族的宝贵传统文化受到了强烈冲击，八段锦的传承面临严峻的形势。

2001年，国家体育总局健身气功管理中心为了振兴中华优秀传统文化，丰富人民群众健身娱乐活动，经过深入调研后，决定从传统健身功法入手，重新整理、挖掘、创编新的健身功法。于是，健身气功管理中心开始面向20所具备气功教学能力和科研能力的高等院校、科研院所发出邀请，在严格的科研课题的管理模式下，2002年在北京举办了创编新健身气功法的科研课题竞标会。经过重重筛选、严格选拔，北京体育大学脱颖而出，勇担此任。科研组在深入研究诸多参考文献的基础上，以64个立式八段锦为立足点，初步总结形成了八段锦的框架和基本动作，并多次召开八段锦的交流观摩研讨会，与国内各流派专家协商研讨，实现博采众长、补偏救弊的目的。在专家学者研究成果的基础上，科研组对传统八段锦的具体动作进行反复推敲、逐个调整，最终确定了相对完善的八段锦功法。为了确保新八段锦功法有既定的疗效，科研组当即决定开展检测，并在黑龙江省哈尔滨市9个健身气功站点进行教学实验，对200名年龄为45~70岁的中老年人开展了75天的新编八段锦功效的测试，实验结果令人非常满意，新编八段锦对人的生理、心理都能产生良好的效果。

新编八段锦充分参考《新出保身图说·八段锦》，保留了传统八段锦的歌诀，以及8个功法和动作，以传统气功学、中医学、人体学规律为依据，改变了“双手攀足固肾腰”“背后七颠百病消”的顺序，加上了预备势、衔接各势的动作和收势，强调以意领气、身心合一的运动要领，丰富了传统八段锦的内涵，提升了八段锦的科学性、规范性，使八段锦更具有审美价值和民族情怀。2003年，全国开始推行新编八段锦，并在短时间内受到国内群众和国际相关人士的热烈欢迎和争相学习。随后，各地开展了多种多样的八段锦宣传推广活动。2016年，我国国内研习新编八段锦的人数已超过436万人，并在国外56个国家和地区拥有了超过200万人的境外新编八段锦爱好者。我国在推广中华优秀传统文化、增强全球人民身体素质、提升人类生命质量上，做出了杰出贡献。随后，我国国内专家和学者又在新编八段锦的基础上，多角度、全方位地开展深入研究，使其技法和功法更加成熟，继续开创八段锦更加崭新的未来。

形神相合，气蕴其中

根据中医理论，人的形、气、神是决定生命质量的关键因素。正所谓“形者，生之舍也；气者，生之充也；神者，生之制也”。“形”又称“精”，指的是有形的生理结构，它构成了生命的物质基础；“气”是“生之充”，即生命的支柱，“气”又称血气，人的生命所需要的各种营养物质、氧气等都是通过血液运送到全身的各个部位，血气的充盈与否直接决定了人体生命力的强弱；“神”是“生之制”，即生命的主宰，指的是精神、心理对人的行事和处世活动的宰制，它从最高意义上体现着人的生命的“活”性。在中医学看来，作为人的生命三大基本要素，它们虽然各司其职，但它们之间又是相互联系、密不可分的，正所谓“一失位，则三者伤矣”。所以只有处理好形、气、神三者之间的关系，才有可能实现生命的阴阳平衡和健康，从而实现“将养其神，和弱其气，平夷其形，而与道沉浮俯仰。恬然，则纵之；迫则用之”。

需要注意的是，中医理论中的“气”并非我们化学中所说的“空气”。事实上，中医的“气”代表着人体生命活动的根本动力和营运之资，它是维持全身活动最主要、最基本的物质。导引呼吸可帮助机体调理“气”的流动，进而有利于全身气机的开合升降，以及“真气”的生发。这在八段锦中也有突出表现，八段锦中有很多种呼吸方式，包括逆腹式呼吸、提肛呼吸等，这些呼吸方式可有效刺激机体的神经和经络，主动干预身体各方面的调节活动。尽管呼吸方式多种多样，但它们始终都遵循一个原则，即顺其自然，慢吸慢呼，随着自身动作练习熟练程度的加深，逐步养成细、匀、深、长的腹式呼吸习惯，达到气蕴其中、呼吸自然的境界。

《青华秘旨》说："人之一气在身，由念而动。"这就要求我们在运功时保持意念集中的状态，借助神、意对气的统帅作用，导引全身气机。与此同时，通过动作的形体运动主动干预并牵引全身气机发生规律性变化，正好可有效帮助"气"始终存续在我们的"形""神"之中，只要我们坚持下去，长久行功，一定可以达到形、气、神合一的目的。至此，三者相辅相成，可有效帮助练功者实现消灾祛病、强身健体、延年益寿的目的，这也是八段锦的主要功效。

八段锦以站桩为基础动作，在收视反听、精神内守的指导原则下，强调"将养其神"，促进"神"对生命的统帅和控制作用，并通过以意引气，进而牵引形体，使练功者能够聚精会神、全身心地投入形体的运动活动中，实现意动形随、形动气随，进而实现动作上的刚柔并济、动静结合、虚实相生、松紧相合的目的，使自己做到在无形中形动而不逾矩，直到展现出即使神意活泼仍能自然导引身体柔和展现的状态，从而达到神气充盈、体态安详、身心合一、形神共养的境界。

端平大方，周身充盈

八段锦由 8 个定势动作组成，按照一定的顺序进行，取材于日常生活，不求以形夺人，追求质朴端庄。与日常生活中的动作不同，八段锦的动作经过千年的锤炼，已经趋向于科学化、程式化、规范化和艺术化，“既雕既琢，复归于朴”，是对八段锦动作美学价值的最好注解。孟子所说的“充实之谓美”体现在八段锦上，表现为其端庄肃穆、质朴大方。只要练习者坚持练习八段锦，日积月累，他们内心自然会生出一种浩然正气，精神面貌也会大有不同。新八段锦既保留了传统八段锦的精髓，具有传统气功的神韵和内涵，又被赋予了鲜明的时代特征和高尚的审美情趣，既能在一招一式中展现千年传承不变的浑厚古意，又能在如诗如画的动作韵律中使人感受到时代的气息。八段锦要求练习者在行功的过程中保持平和的心态，始终确保身形中正、重心平稳，并在移步换桩中做到动作协调、上虚下实，进而能使练习者最终达到一种端庄大气、儒雅大方、宁静肃穆、形神兼备、气韵生动的天人合一的境界，使人在端庄中不失活泼，在古意中不失时尚。

新八段锦动作简便易行，容易识记，整套动作虽然是一个有机的整体，但练习者也可根据自身的实际状况选择学习个别单式动作或动作组合，运动强度和动作难度也可根据练习者的年龄、性别、体质进行相应的调整。练习八段锦不受时间、空间的限制。练习者既可以在百忙之中的空闲时间、茶余饭后进行练习，又可以在家里、走廊这样的小空间内“拳打卧牛之地”，还可以在公园、广场、操场等开阔的场地进行练习。此外，练习的方式也可以自由选择，单独练习和组织集体练习均可。在练习过程中，练习者既可以伴随音乐进行练习，也可以无声地进行练习。尽管八段锦简便易学，但我们仍需要以认真严肃的态度，专心致志地投入到每一次练习中，在循序渐进的练习中做到持之以恒。

八段锦能改善身体功能、促进全身参与运动，这在人民群众的亲身实践和科学研究的各项指标中均已体现出来。除此之外，我们在八段锦歌诀中也能感受到这种内涵，流传千年的功法口诀，不仅说明了各招式的行功诀窍，也说明了其自身的独特功效。

第一式，牵动头部、颈部、四肢，以调理三焦。

第二式，协调肝和肺，以安魂定魄，平衡阴阳。

第三式，开合两胁，举上按下，左右协理调和脾胃。

第四式，旋转首颈，各致其极，持肩不动，目视斜后方，以腕带肘，以肘带肩，以肩带背，外展内旋，各尽极致。肩胛收紧，压实脊背，可刺激脏腑腧穴。扩胸运动，牵拉胸胁，可刺激脏腑募穴。首项牵引四肢，发动手足阴阳各三经，协同带脉，牵拉任督二脉，左右开阖，阴阳相生，疏通经络，充盈周身，强身健体，为药石所不能，达药石所不能达。

第五式，沉肩坠肘，松腰下胯，马步当先。发于尾间，上至百会，扭首转颈，摇头摆尾，鼓荡气血。去心火、升肾水，水火济，心肾交，强根本，祛病灾。

第六式，前俯后仰，脊背弯曲。命门、神阙为轴，上达百会、下至尾间。仰身时，伸展脊背，松腰提气，上冲任脉，任督开阖，强固腰肾；俯身时，力自后顶、玉枕沿脊椎向上拉伸牵引，又自尾间以意领气带动骶骨向下延展，拱起命门身呈桥状。

第七式，握手攒拳，怒目前视，旋腕抓握，左右开弓，拧转全身，活脊强腰，疏肝固肾。力起腰髋，经膝踝，达脚趾，励涌泉。

第八式，颠振全身，自然落足，牵引任督，协理腑脏，颐养先天，调补后天。

以上八式各有特色，其侧重各不相同，气血营运经脉、流注各部的方式也有所不同。练习部分八段锦动作可以达到调理局部身体功能的目的，练习整套八段锦可以实现周身运动、调理气血的目的。

松紧相宜，动静相济

中医讲究阴阳平衡，刚柔并济，动静结合，张弛有度，松紧相宜，这些理念也是中国哲学思想的具体体现。人有五脏六腑、肌肉、关节、神经、皮毛，所谓“松”，就是使这些部分进入松弛的状态；人有筋骨四肢，而“紧”描述的是人在适当发力、引动四肢运动时的状态。在练习八段锦时，我们始终要保持放松的肢体状态和安详的心境，以达到“松”的要求；我们在施展一招一式的定势时，要有力量，以达到“紧”的标准。

具体而言，“松”分为精神和身体的放松。精神上的放松是练习八段锦的首要条件。我们要尽量减少焦虑、暴躁的情绪，尽量避免矛盾念头的出现，从而达到内心的平和，进而可以减少对神经系统的刺激和身体内外信息对大脑的干扰，这种体态安详的状态可以为营造宁静柔和的心境奠定良好的基础。身体上的放松，其研究的对象是脏腑、关节、肌肉。我们在发力时，主动肌和对抗肌协同发力，但发力的方式却大相径庭，二者保持着相应的张弛度，而协同肌则尽量放松，以确保它们的平衡。在这个过程中，五脏六腑也要处于自然松弛的状态，即一种“虚空”的状态，胸腔、腹部都应保持“中空”的状态，此时，肌肉、组织也都处在最佳应力分布状态中。

八段锦毕竟不是中医学理论，也不是形而上学，还需要依靠具体的动作练习达到相应的功效。所以“紧”的要求总是先于“松”的。这是因为我们总是先使筋骨彻底舒展开来，逐步地练习一招一式才能去掉之前身上根植的拙力，从而在追求柔与松的过程中，逐渐显现出八段锦的优势和特点。八段锦中的一些动作是要求“紧”的，如“双手托天理三焦”中的上托，“左右开弓似射雕”中的马步开弓，“调理脾胃须单举”中的上举，“五劳七伤往后瞧”中的旋臂后瞧，“双手攀足固肾腰”中的俯身后闭气塌腰成反背弓，“攒拳怒目增气力”中的冲拳与旋腕，“背后七颠百病消”中的脚趾抓地、提肛、收腹、竖脊、立项、头顶悬的定势动作。这些动作貌似安静平稳，实则肌肉和关节都在暗自发力，此时的身体确实处在紧张的状态中，而我们往往需要在慢呼慢吸中进行下一个招式。由此可见，松紧相宜是引动和营运“气”的要领，有助于保持阴阳平衡，也可以滑利关节、活血化瘀、分解黏滞、疏通经络、调和脏腑。

“动”与“静”也是我们在练习八段锦时需要处理的一对关系。根据马克思主义哲学，动是绝对的，静是相对的；根据中国哲学，动为阳、静为阴。动静相生相克，相互转化，是客观世界一切事物运动和发展的变化规律。而八段锦也需要做到动静相济，动中有静，静中有动，二者缺一不可，不可顾此失彼。“动”分为“内动”和“外动”，“静”分为“内静”和“外静”，但无论如何区分，各练习招式都是动静的有机结合和巧妙运用。就动作上的动静而言，“动”要求练习者以意领气，以气带形，使动作如行云流水，连绵不断，一气呵成；“静”要求练习者在处理动作之间的相接之处缓缓过渡，在各式的定势上，顺势停闭呼吸。在旁观者看来，动作已经出现了停顿，整套动作仿佛发生了“中断”。然而，事实上，练习者的气息没有发生中断，也没有放弃发力，他们的体内仍存留着内劲，四肢也被肌肉中的内力牵引着，以确保八段锦“起于桩、行于桩”。在一招一式的发力过程中，身体的相应部分也在较长的停顿中得到持续的刺激作用，这对关节、肌肉、神经、体液等都有一定的好处，有利于打通主隔断，调和三焦，大大提升锻炼效果。

心舒身展，圆活融通

中医学认为，全身气机的调和与人的心境息息相关。道家“养性全真”要求人们在练功时做到心无杂念，与物无忤。《黄帝内经》中提到“恬淡虚无，真气从之；精神内守，病安从来”，也着重气、神的稳定。八段锦要求“身心舒展”说的也是这个道理。身心舒展是为了让人的气机得到充分开阖，进而使身体的组织、器官得到充分放松，促进练习者身体内外信息和质能的交换，提高机能输出、输入的转换效率。需要说明的是，人体的新陈代谢是以充分的营养摄入为先决条件的。八段锦还要求我们在练习时做到“温柔和顺”，它指的是在做各招式时保持动作的轻灵和浑厚，发力时绵软柔和，富有弹性和韧性，僵硬、绷劲、使用爆发力都是错误的，而重浊迟滞、浮泛空洞、柔若无骨的发力方式也是不对的。

八段锦还要求练习者在练习时达到“圆活”的状态，它要求练习者做出弧形的动作路线，动作轨迹不能产生转折，发力时不能直来直去。如果动作设计包含了棱角，我们要学会直中求曲，做到外方内圆，我们的身体气机要保持灵活状态，达到“圆空法生”的境界。反之，如果我们疏忽了这些要点，就会出现气血阻滞、经脉不通的问题，这样就与我们的锻炼目的南辕北辙了。此外，八段锦的练习要求“连贯”，动作要虚实分明，保证在动作的转换衔接处不要出现中断和停顿，实现气息和内力的连贯。连贯主要体现在动作上，连贯的动作往往是缓慢展开的，发力也是均匀的，练习者所做的多个动作之间也没有分隔之感，从而一气呵成地完成动作，如同春蚕吐丝般相连无间。

“心舒身展，圆活融通”是八段锦的练习原则，体现着阴阳、虚实、动静、松紧、刚柔等中国哲学内涵，要做到这一点，就要在平时注重修身养性，保持浩然正气、中正之心。在动作的完成上，要做到下盘稳当、全身平衡。练习者以腰为轴，上下配合，贯穿全身，无缝衔接。如果坚持长期练习八段锦，练习者的精神面貌一定会大有改观，变得容光焕发、神清气爽、气宇轩昂，最终实现强身健体的奇效。

第二章 八段锦的旨要与功效

在中国哲学的指导下，八段锦以『诚中形外』的核心思想，外结合人体生理结构和特征，内秉承人体心理特质，逐渐形成一种促进身体健康的导引功式，数千年来广为流传，成为中华传统文化中的瑰宝。

新编八段锦以传统八段锦为创编基础，以现代人的生活需求为导向，确保实施起来简便易行、安全有效。经过多年的实践，八段锦被证明具有祛病强身之效，应进行推广。

以脊为枢，燮理阴阳

人类学研究表明，人类从南方古猿发展至今，大脑额叶的形成归功于直立行走能力的发展，进而使人类的四肢产生分化，有上肢和下肢之分，同时使古猿的“爪”分化为手和足。而人之所以能发展出直立行走的能力，主要是因为人有一根竖直的脊椎，所以脊椎被视为人体之“枢”。八段锦非常重视对脊椎的锻炼。

脊椎在前、后纵向韧带的牵引下，由多个椎骨、椎间盘组成。椎骨由椎板、附件组成，这些椎板之间形成关节，在筋膜和肌群的牵引下构成整体，并且可做自由的小幅度运动。脊椎内有骨髓，骨髓与延髓、脑干相连构成中枢神经系统。脊椎双侧分布着诸多神经根，这些神经根在运动过程中发挥着很大的作用。由此可见，脊椎对人的身体健康具有十分重要的作用。生活中，由于脊椎病变导致的疾病问题有很多，主要包括脊椎错位、失衡、损伤等，这些病变往往和我们在行立坐卧时的不良姿势有关。不良坐姿会导致脊椎周围肌群的肌肉张力失调，进而使椎骨及其相关组织的内应力分布偏离正常张力状态。结合应力生长关系可以知道，异常的应力分布会导致生理结构的病理性重塑，在长期的过程中会加速退行性病变，甚至会发生严重病变。

新编八段锦要求练习者做到神、意、形三者融为一体，并做到以意领气、形神兼备、气到力生。这样练习者就会合理安排脊椎组织内的应力分布，优化脊椎生理功能，进而改变、缓解、消除脊椎结构产生病理性病变的肌肉记忆，重塑正常脊椎及其组织应力分布的肌肉记忆，确保脊椎具有正常的生理弯曲度，产生正脊健身的功效。

八段锦有“燮理阴阳”之功，因其以人身体的生理结构为设计依据，一招一式中都意在维持身体的阴阳平衡，所以有致中和、健身心的功效。第一式“双手托天理三焦”，练习者保持双脚自然落地、双手上举指天的姿势，该动作以天地为契，使全身肌肉和组织得到充分的拉伸，因命门、神阙和带脉均位于身体的中部，所以这样的动作可以重新组织椎体和椎间盘的应力分布，从而有效缓解练习者机体衰老病变。锁膝、松胯、沉腰、翘尾，可阖命门、开神阙，扩胸、仰面，再竖脖颈、收下颌、领百会、手托天、抻脊椎、牵胸胁，同时收肩胛，刺激身柱、夹脊、灵台、膏肓等穴。练习者在此过程中通过脊椎小幅度牵动中位线以确保身体弯曲程度符合生理弯曲要求，体现了八段锦燮理阴阳的功法内涵。第二式“左右开弓似射雕”，以肩带胸做扩胸运动，能够生发和疏通肝气，宣发肃降肺气，改善心肺功能。第三式“调理脾胃须单举”，练习者其中一只手上举顶天，另一只手经髂骨斜下方向下按压，这样双侧用力的作用带位于中脘，有调理脾胃功能，此后根据对称设计的动作重复运动，交叉上举和下按可见其蕴含的阴阳调和之理。第四式“五劳七伤往后瞧”，以意领气，上领百会，牵动首项，使脊椎左右扭转，下至涌泉接地气，经踝、膝、胯后，提肛竖脊，使气维持几秒后，逐渐放松全身保持身体中正，尽显燮理阴阳以致中和之意。第五式“摇头摆尾去心火”，牵动整个脊椎运动，首尾牵引摇摆，可疏通经络，泄热理肺，达到去心火之效。第六式“双手攀足固肾腰”，俯仰脊椎，俯时身体下弯，双手攀足，命门隆起，全身骨节张歙开阖；仰时展脊塌腰上引，命门、神阙开阖，带动任督二脉，以固肾腰。上两式连做，有心肾相交、水火相济，阴阳相协之效。第七式“攒拳怒目增气力”，依五行相生相克之理，肾水旺时易引木生，但木以条达为性，忌郁积，所以借“怒目”以情志导引以致中和。此时，加之“攒拳”形体运动引身体舒展开来，保持意气充盈而敛气力的状态，双拳置于腰胯之中，以达到返护其母的功效。第八式“背后七颠百病消”，提踵颠足，力经全身带动整个脊柱系统，以自重落地七次，振动中整合身心，收敛身心，以养情志。

八段锦一直以这样的运动顺序为后人传承，是后人实践后的成果。首式、八式整起整收，善始慎终。次式、三式理心肺、脾胃，合并宗气，依火生土、土生金之理，强身健体。四式既可祛五劳七伤，又可虚心实腹。五式、六式协理心肾，达水火既济之境，阴阳相合。七式理肝固肾，调理全身气机。所以此练习序列不宜随意改动。

提纲挈领，疏通经络

八段锦中，以首为领，以腰、胯为纲，牵动全身，疏通经络，调理气血。古人常讲“命系腰间”，因命门、神阙二穴位于腰部，下丹田亦在此间，带脉又围绕在腹部周围，所以人身之劲全发自腰。腰胯是一个整体，腰以圆活、灵动为宜，所以为动，属阳；胯则以平稳、沉静为宜，所以为静，属阴。所谓“提纲挈领”在八段锦中体现为虚领顶劲、沉肩坠肘、虚腋松胯之中。

前文所述“引体令柔”指的是全身肌肉、关节群在拮抗作用中保持和谐的状态，体内相互作用力的牵引会带动筋膜，提升人体组织间质液的运输效率，可有效改善细胞的生长环境稳态和微稳态。例如，第四式“五劳七伤往后瞧”中，练习者需要牵引头部带动两肩，以脊椎转动带动腰胯运动，这就是人体内相互作用的体现。在这些部位转动的过程中，需要保证上身的中正，即肩不动、胯平正，此时以意领气，在肩关节、髋关节上增加与之大小相等、方向相反的反作用力，以使全身筋膜的牵引力实现最大化，进而提升组织间质液运输物质的效率，优化细胞生长的环境，维持细胞稳态，进而形成基因表达、环境调控有序化的有利条件，能从根本上解决人体产生的多种问题。这是生命科学对该势的理解，同样是对八段锦疏通经络、调理气血功能原理的注解。“夫经脉者，人之所以生，病之所以成；人之所以治，病之所以生”出自《黄帝内经·灵枢》，说的是疏通经络对人“治未病”的重要作用，这是中医学中最重要的理论之一。所以坚持练习八段锦对我们的身体健康具有非常重要的作用。

气贯天地，统帅三焦

八段锦要求以天地为都契，顶天立地，气贯长虹，要求我们善于吸天地之灵气，取日月之精华，达到新的人生境界。感天行健，君子立自强不息之志；知地势坤，君子有厚德载物之德。人生如逆旅，我们应构建“物至则应，过而舍之；事来则应，过而舍之”的人生理念，既不沉湎于过去，也不恐惧未来，真正做到活在当下，达到修身养性、涵养心性的目的。我们在练习八段锦的过程中，如果能够渐渐体悟出这样的道理，不仅可以增加生活的情趣，还能强身健体、畅达情志。

八段锦不仅要求我们气贯天地，还要求我们以意领气，统领三焦，协理脏腑。中医将三焦作为人体三大空腔的统称，其中上焦指的是颅腔、口腔、咽喉等部分，中焦指的是胸腔，下焦指的是腹腔。中焦和下焦以横膈膜为界线，协同膈肌、肋间肌的运动调整呼吸。人的元气就储存在三焦的空腔里，当人体运动时，配合呼吸，其中的五脏六腑会受到挤压的作用，从而使人的气血通畅，各器官的功能得到改善。《黄帝内经·灵枢》记载:“五脏者身之强也。得强则生，失强则死。”中医认为脏腑为人体的核心，脏器为本，腑器为用。因此，长期练习八段锦，确实有助于提升腑脏的协同功能，促进身体健康。

八段锦可增强身体素质

体质是人体在先天遗传因素和后天适应环境的基础上展现的在形体结构、运动能力、生理功能等方面所固有的、相对稳定的特性，主要涉及人在体格、体能、适应力、情志等方面的发展水平和状态。体质与人适应环境的能力成正比，在体质测试中，往往通过检测人的形体结构、生理功能、适应环境的能力等来进行综合测评。国内外相关研究发现，在有效运动之后，身体各项参数指标能得到有效的改善。而八段锦以“形、神、气”合一的特点，与诸多体育运动一样，可帮助练习者改善自身的体质指标，促进身体健康。

测量体质的指标有很多，如反应时、坐位体前屈最大幅度、闭眼单腿站立时间等。其中，反应时是人体质的一项重要指标，主要用来测量人的反应灵敏度。简单反应时主要反映的是人自身神经系统的反应能力，复杂反应时代表的是人神经系统和动作相结合时的反应能力。练习者在经过 3 ~ 6 个月的八段锦练习之后，这两个指标会出现一定程度的下降，最大可达到 9.4%。实验结果显示，二者会出现显著差异，这表明八段锦有降低人体反应时、提升肌肉配合度的功效。坐位体前屈主要测量人在安静状态下，身体躯干、腰部、胯部等部位的关节所能达到的最大活动幅度，该指标反映的是人本身的关节、韧带和肌肉的伸展度、弹性和柔韧性。闭眼单腿站立时间测试的是人的平衡能力。相关实验结果表明，练习者在练习八段锦至中后期时，自身的坐位体前屈最大幅度和闭眼单腿站立时间会有很大的提升。不仅如此，练习八段锦还会提升练习者的双手握力、下肢力量、协调能力、心率、肺活量等。

匀称健美的体形不仅可以增强人的自信心，更是人身体健康的反映。体形是对人体外在形状的整体描述。过度肥胖者容易引发与心脏相关疾病，如动脉硬化、高血压、心脏病等，这些疾病如果不加以调控，会严重危害人体健康，影响生活品质。事实上，导致身体肥胖的因素不仅包括体脂含量过高，还包括脂肪的分布位置。如果脂肪在腹部出现过度积累，就意味着自身的脂代谢和胰岛素代谢产生了紊乱，这与高血脂、高血压、高血尿酸等息息相关。而练习者练习八段锦的相关结果显示，经过一段时间的练习后，其自身的胸围、腰围、臀围、体重指数、体脂百分比均大幅度下降。体质指数（BMI）是医学领域专门用来反映人体体形的科学指标，正常人的体质指数一般为 18.5 ~ 23.9kg/m^2，该指标数值越大意味着人越肥胖，该数值在 18.5kg/m^2 以下表示营养不良，在 24kg/m^2 以上则表示体重超重，在 28kg/m^2 以上表示肥胖。长期八段锦练习者，其体重指数会大幅下降，这说明八段锦有瘦身之效。这主要是因为练习者体内的脂肪含量减少，肌肉含量增加，体形因此更加健美。长期练习八段锦有利于加快脂肪转换为肌肉的效率，既可以减少心脏的负担，又可以增加自身的力量，对预防动脉硬化、心脑血管意外、糖尿病、代谢综合征等疾病大有裨益。

八段锦可改善内脏功能

心肺功能与人体健康息息相关，心功能和肺功能两项功能非常重要，二者直接影响全身的组织、肌肉、关节等的功能。心功能正常可加快全身血液循环，进而能更好地为全身的组织、器官提供营养物质。而一旦心功能发生衰竭，就会导致外周组织器官供血不足，进而导致各器官功能的衰竭。心功能正常既体现为心脏的有力泵血，还体现为全身血脉通畅。动脉血管硬化、心率加快都会导致血压升高，尤其是舒张压的升高，从而加重心脏负担。随着血压的不断升高，动脉血管壁会不断增厚，导致动脉硬化症状加重，使心脑血管疾病的患病率和致死率升高。肺功能良好会使我们获得充足的氧气，保证呼吸通畅。如果出现肺功能异常，我们的身体就会因为缺氧而导致衰竭，甚至死亡。

长期练习八段锦，可使练习者的收缩压、舒张压、脉压、平均动脉压、心率降低，提升台阶指数、肺活量，增强心功能、心率变异高频信号，降低低频与高频之比，降低血黏度、红细胞压积、红细胞刚性指数、红细胞聚集指数，提高血红蛋白含量、红细胞计数、平均红细胞体积值、平均红细胞血红蛋白含量、平均红细胞血红蛋白浓度。由此可见，练习八段锦可通过增加心脏泵血量和每搏输出量来促进心率降低，维持血液稳定循环，让心脏获得更多的休息时间，在优化人体心肺功能方面有显著效果，这从左心室射血前期与射血期时间之比的增加可见一斑。从心率变异性高频信号的增强（HF%）和低频高频比值（LF/HF）的下降，可见练习八段锦可增强迷走神经的兴奋性，进而可促使心脏得到更多的休息。增加每搏泵血的血液量会促进血压、脉压的升高，这对血管和脏器非常不利，但练习八段锦可以有效改善这种情况，因为练习八段锦可提升血管的弹性，增强血管的调节能力，降低血脂，很好地应对血压、脉压的变化。此外，血液黏稠度的降低可促进血液流动，快速降低血压。一旦心功能增强，人体应对外界剧烈变化的反应力就会增强，而台阶实验指数的降低就足以体现这种变化。

练习八段锦可改善人的肺功能，提高人的肺活量。这在6分钟步行实验中可得到有力证明。6分钟步行实验是通过对练习者运动耐力的评测，确认练习者的心肺功能状态。而供氧能力的提升在血红蛋白、红细胞计数、平均红细胞体积、平均红细胞血红蛋白含量、平均红细胞血红蛋白浓度等指标的提升上可得到佐证。机体新陈代谢的完成与自身的供氧能力息息相关，提高人体新陈代谢率有利于增强体质、延缓器官衰老、预防慢性疾病等。

八段锦可促进心理健康

现代医学认为，人的健康不仅包括身体健康，还包括拥有健康的心理状态和良好的环境适应力。而心理健康指的是人的生理状态和内在精神的一致和协调，良好的心理状态应具备与社会准则和职业要求相适应的能力，这是世界卫生组织提出的标准。心理健康用来反映一个人的身体状况，主要体现在人的智力水平、情绪反应等各方面能否协调配合。以人的情绪为例，情绪是人对客观事物的态度体现，是内在需求得到满足后的外在表现。当事情的发展满足需求时，我们就会产生良好的情绪体验，如欢乐、喜悦等；当事情的发展违背需求时，我们就会产生不良的情绪体验，如焦虑、抑郁、紧张、悲伤、愤怒、恐惧等。而当一个人长期生活在某种环境中时，他就会长期保持着某种情绪状态，这就是“心境”。一个心理健康的人会长期拥有良好的心境，即便遇到了不良的刺激和环境时，也能快速进行调整，化解种种不良情绪。

《症状自评量表（SCL–90）》是世界著名的心理健康测试量表之一，由 Derogatis 于 1973 年编制，它包括躯体化、强迫症状、人际关系敏感、抑郁、焦虑、敌对、恐怖、偏执、精神病性和其他等指标，结果显示为一个人在近一周的心理健康状况。1971 年，美国学者麦克奈尔等编制了心境状态自评量表——《心境状态量表（POMS）》。全量表包括 6 个分量表，即紧张 – 焦虑、抑郁 – 沮丧、愤怒 – 敌意、精力感、疲劳感和慌乱感，用来反映心境的变化状况。研究者结合上述量表对八段锦练习者的各项心理指标进行评测，结果表明，练习者的焦虑、抑郁紧张、愤怒、敌对、偏执、疲劳、慌乱、恐怖、躯体化症状明显、强迫症状、人际关系紧张、精神病性评分发生显著下降，自身精力也更加充沛了，自信心也显著提升了，α 波频率显著提升，δ 波频率、β 波频率显著下降。实验结果表明，练习八段锦可极大程度地改善练习者的心理健康状况，消除不良情绪，如焦虑、抑郁、敌对等，极大提升了练习者的自信心和自尊心。

相关研究表明，情绪对人的身体健康有着举足轻重的作用。一个人如果长期保持愉悦的心境，始终保持乐观开朗的心态，就可以提升自身的免疫能力，降低患病率，也可以促进疾病的好转。好的情绪不仅有益于人的身体健康，还是人心理健康的反映。一个情绪始终保持良好状态的人，不仅对自己的生活充满希望，而且求知欲强，思维敏捷，富于创造力，爱好广泛，行为积极大方，善于社交，在提高自身生活品质的基础上实现全方位发展。而具有消极情绪的人会因不良心境而影响自身健康。在一些不良情绪的影响下，人的免疫力会显著下降，容易感染多种传染性疾病，甚至会损伤自身的内脏功能。中医认为人的情志与身体健康的关系是“怒伤肝”“悲伤肺”“恐伤肾”“虑伤脾”。消极情绪会影响人的神经系统，使大脑皮层兴奋与抑制的平衡遭到破坏，使人的认识范围变窄，分析判断能力减弱，自制力降低，进而引发精神错乱、行为失常和精神分裂症等。而八段锦以其独特的调心方式，对促进人的心理健康有很大作用。

八段锦可预防、治疗慢性病

慢性病又称慢性非传染性疾病，其病因复杂，起病隐匿，缺乏确切传染性生物病因证据，病情迁延不愈，病程较长。慢性病的病程长、致残率高、预后差、并发症多、康复训练时间长、需要医疗照护。

近年来，我国人口老龄化加剧、社会竞争压力大、日常体育锻炼机会和时间少，我国人口的疾病谱与死因谱也与以往大不相同，主要的疾病模式已变为慢性非传染性疾病，传统的传染性疾病和营养不良已有所减少。例如，心脑血管疾病、糖尿病、脂肪肝、肿瘤等慢性非传染性疾病已成为现代威胁人类健康的主要疾病。全球的慢性病死亡病例占全部死亡病例的 60% 以上，而这个比例仍在逐年上升。慢性病会严重影响人们的健康和生活质量，从而给家庭和社会带来沉重负担。

长期坚持练习八段锦可很好地防治常见慢性病，预防动脉粥样硬化，有利于防治心脑血管疾病。研究表明，长期练习八段锦可降低血浆中甘油三酯、总胆固醇、低密度脂蛋白胆固醇浓度，提高高密度脂蛋白胆固醇浓度，影响致动脉硬化的血浆脂蛋白组成，从而改善血浆脂质和脂蛋白组成。低密度脂蛋白可将肝脏合成的内源性胆固醇转运到肝脏周围的组织中，低密度脂蛋白过高会增加患动脉粥样硬化的概率。高密度脂蛋白可排出胆固醇经动脉壁运往肝脏形成的胆汁酸，同样具有抗动脉粥样硬化的功能。脂蛋白比率是动脉粥样硬化等心血管疾病产生的“风向标”，长期练习八段锦者的该项指标会发生显著变化，从而可降低心血管疾病的发病率。

长期坚持练习八段锦，对防治糖尿病具有积极作用。糖尿病以高血糖为特征，其致病原因是胰岛素分泌缺陷或胰岛素作用出现障碍，属于代谢性疾病。血糖过高会损害组织器官，因此控制糖尿病的核心目标是确保血糖维持在正常生理水平上，而糖化血红蛋白能够反映人体一段时间内血糖水平的主要指标，从而可以监测糖尿病某些并发症的具体情况。练习者的血糖和糖化血红蛋白监测值在练习八段锦之后会发生显著降低，这说明功法锻炼具有降糖的功效。由于胰岛素抵抗指数试验主要反映胰岛细胞的功能，练习者的胰岛素抵抗指数会发生显著降低，所以八段锦可改善胰岛功能，有效预防糖尿病。

长期坚持练习八段锦，可有效改善消化系统功能。人体消化功能正常有赖于消化道菌群的合适比例。当机体受环境中的种种因素导致肠道微生态失衡时，常驻厌氧菌数量会显著下降，慢性消化道疾病便会出现，如腹胀、腹痛、便秘等。双歧杆菌是常见的常住厌氧菌，具有促进肠道蠕动、通便、减少胀气等功效；乳酸杆菌有利于维持肠道微生态，提升机体免疫力，减少胆固醇，抑制肿瘤形成。长期练习八段锦可使练习者的肠道正常菌群和有益菌得到有效补充，可以极大地抑制肠杆菌、梭杆菌、肠球菌等有害菌群增殖，从而有效预防消化道疾病。

长期坚持练习八段锦，可有效提升练习者的免疫力，进而达到预防疾病感染和防治肿瘤的目的。慢性阻塞性肺炎患者气道阻塞，在活动之后往往会出现呼吸困难等症状。随着病情的不断加重，患者呼吸道的气流阻塞程度逐渐加重，导致肺功能出现进行性下降，而呼吸困难、情志不调又会加重病情。八段锦可以使练习者的肺功能得到极大改善，缓解焦虑与孤独感，从而提升患者的生命质量，减轻家庭的负担。八段锦也可有效提升自身免疫力，显著提升血清免疫球蛋白 IgG、血清 IL–2 等物质的水平，从而极大地提高机体对肿瘤细胞或病毒感染细胞的杀伤能力，保持机体的活力和健康。

长期坚持练习八段锦，可以有效改善关节类疾病的相关症状。众所周知，老年人由于骨质疏松容易导致跌倒，进而导致自理能力降低。而长期练习八段锦在改善老年人姿势的稳定性与运动协调性方面有显著效果，可提升老年人对自身身体的控制能力，有效预防老年人跌倒事件的发生。例如，膝关节骨性关节炎患者在练习 1 年八段锦后，普遍在 6 分钟行走试验上表现良好，膝关节屈肌等指标也能得到极大改善；脑卒中患者长期练习八段锦后，在以 Bobath 技术为主的康复治疗随机对照临床研究中收效良好。这些都说明八段锦能较好地改善关节病患者的相关症状，有效缓解他们的病痛。

长期坚持练习八段锦，可有效改善常见慢性病的病情，缓解患者的痛苦。例如，冠心病稳定型劳力性心绞痛患者在进行 3 个月的八段锦锻炼后，他们的心绞痛发作次数下降、发作持续时间大大缩短。这意味着八段锦在常见慢性病的康复上有显著功效，如高血压、颈椎病、偏头痛、肩周炎、失眠等。

综上所述，慢性病会严重影响人的生活质量，改变患者的生活模式。防治慢性病不仅仅要求我们改善患者的症状，调整生理指标，如血糖、血脂、血压等，最主要的目的是改善患者的生活方式、提升生命质量。科研工作者利用 SF-36 量表对八段锦的老年练习者进行了生存质量测评，实验结果表明，生命活力、社交功能、生理健康总评、心理健康总评等指标会随被试者锻炼时间的不断增加而不断提高。这说明八段锦确实可以改善人的生理指标，有效提高生命质量。由于慢性病之间往往会发生相互作用，如高血脂、高血压、糖尿病、动脉硬化等慢性病往往相伴相生，其交互作用非常复杂，常常表现为其中一种慢性病的恶化会引起其他慢性病症状的加重。例如，糖尿病患者往往伴有动脉硬化症状，而这又是心脑血管类疾病产生的重要因素等。在情志方面，慢性病患者因为饱受疾病的困扰，难免会有抑郁、焦虑的情绪，这些不良情绪会和所患疾病产生恶性循环，从而影响疾病的改善和康复。相应的，如果能够改善一种慢性病，那么其他慢性病也会随之得到改善。而长期练习八段锦可以缓解患者的不良情绪，维持其平和的心境和健康的体质，从而可以更好地防治多种慢性病。

八段锦可使人重焕青春

生老病死，人之常情。生物的生命过程也是一个不断衰老的过程，机体会随时间的推移而衰老是生物的基本内在特征之一。中老年人在生理、心理两方面都与青年人有显著差异，随着年岁渐深，他们自然会出现各种退行性变化，这些变化虽然细微，但却是全身性的、多方面的。因为中老年人的细胞数量会发生减少，组织弹性降低，各项器官会出现萎缩、变性等，进而导致机体整体功能的衰退，因此，延缓机体衰老势在必行。鉴于此，我们提出了运动延缓衰老的理念。

长期坚持练习八段锦，可以有效缓解中老年人机体衰老。由于性激素是一种与性功能息息相关的内分泌激素，在我们的身体激素调节中有非常重要的作用，同时会影响人的生长、发育、成熟及衰老。有关学者在研究练习八段锦的中老年人性激素水平时发现，练习 3 个月后的中老年女性体内的雌激素雌二醇得到了显著提高，而练习 6 个月后的中老年人男性的雄激素睾酮含量也得到了显著提高。由此可见，长期练习八段锦可帮助中老年人士改善衰老对性激素水平的不良影响，能改善性能力，促进全身新陈代谢，最终达到延缓机体衰老的目的。人体发生衰老的主要原因是体内超氧化物歧化酶的降低，这时体内往往会产生大量的过氧化物，导致细胞受损、机体衰老。超氧化物歧化酶之所以如此重要，是因为医学界目前认为超氧化物歧化酶是可以清除自由基的有效物质，它可以有效保护细胞，其活力程度是机体清除氧自由基效果的反应。脂质过氧化物作用后会在体内产生血清丙二醛，这是细胞被自由基攻击之后产生的。相关实验结果表明，练习 3 个月八段锦，人体的外周血中超氧化物歧化酶的活性会得到显著提高，血清丙二醛含量也会显著下降，其生成速度明显减缓。

长期坚持练习八段锦，可以明显改善中老年人的多项智能和心理指标，可使其智能生理年龄趋于年轻化。智力衰退属于进行性生理老化的表现之一，是人体衰老的重要标志。研究者利用智能生理年龄测试软件，让练习八段锦的老年被试者和软件进行互动，在人机对话的过程中得到实验结果。研究结果表明，练习八段锦 6 个月，男性练习者在心算、辨别数字符号、动作反应方面表现优秀，反应时显著降低；女性练习者在心算、动作反应、记忆两位数的个数方面表现优异，双手跟踪操作误差也显著下降了。这些都可以证明八段锦对降低人的智能生理年龄有较好的效果。

第三章

八段锦的基本内容与定势动作

八段锦的基础功法指的是八段锦中蕴含的基本功、基本动作和基本技术。本部分主要介绍八段锦的手型、步型、身型、呼吸方式、意念调控和站桩要领。

八段锦的手型

八段锦的手型指的是练习者在练习八段锦时应保持的拳、掌、指的特定形态。手在八段锦的功法中主要起到引领动作、强化气血运行的作用。本功法主要包含的手型有以下几种。

一、自然掌

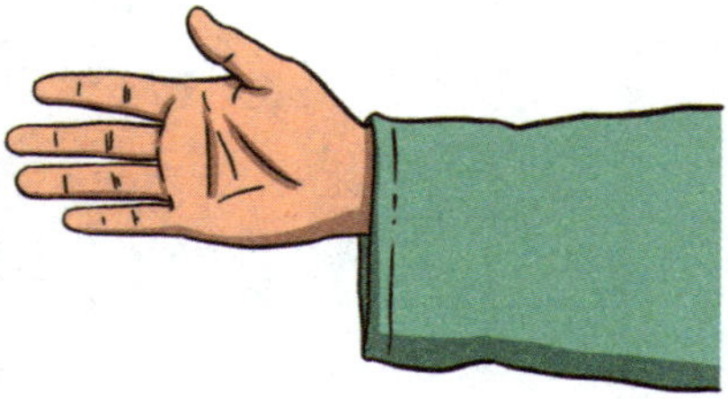

手掌掌心微含，五指自然伸直，各指之间稍稍分开。

二、八字掌

大拇指与食指伸展直呈“枪”状，中指、环指、小指的第一、二指节微微内收，各指指缝翕张，鱼际处微微内收，掌心内含。

三、龙爪

五指合拢，大拇指的第一指节，其余四指的第一、二指节弯曲内扣，掌心朝内。

四、握固

大拇指抵掐环指手指根节，食指、中指、环指、小指屈节并拢，收握掌心。

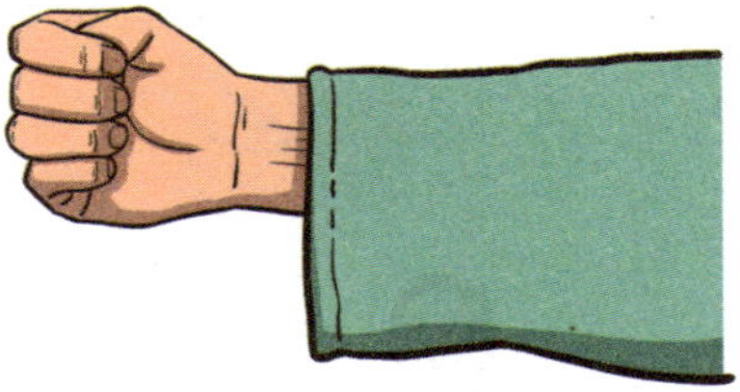

八段锦的步型

八段锦的步型指的是练习者双腿在功法中的不同式势，在髋、膝、踝等关节的屈伸活动下，练习者的下肢会呈现出一种相对静止的形态，可以维持下身肌肉、骨骼间力的平衡，从而实现稳固重心、气血畅达的目的。

一、并步

双脚并拢，身体保持自然站立状态；双臂自然下垂落于体侧，头正项直；目视正前方。

二、开步

双脚横向开步，与肩同宽，脚尖朝前；头正项直；目视正前方。

三、马步

双脚开步站立，双脚间距约为本人脚长的3倍，双脚脚尖朝向正前方，双腿屈膝半蹲，大腿朝向斜下方，膝盖在纵向距离上不超过脚尖；上身保持中正，目视正前方。

八段锦的身型

八段锦的身型指的是功法对全身基本姿态的规范。八段锦的基本身型以“抱球势”为例，动作要领是中正直立、虚顶领劲、挺脊竖项、沉肩坠肘、虚胸实腹、松腰下胯、屈膝下蹲、双脚踏实。

一、虚顶领劲

八段锦练功中讲究“时刻不丢顶”，也就是我们提到的“虚顶领劲”。它指的是练习者的头部朝后顶穴方向顶起，因为该部位是控制身型的“总开关”，所以我们在做八段锦中的一切动作时都要时刻把握这一总原则，即便动作本身是斜的，如倾身、俯身、摇转动作等，我们也要保持斜中寓正，从而保证练习时的精气神，纠正练习者在身体方面的松懈、低头、猫腰等毛病。

二、挺脊竖项

挺脊竖项说的是八段锦在练习时要让整个脊柱两端保持张力，从而使筋骨对拔拉长，同时内敛下颌，提劲牵项，使头颈部动作直而不僵。当我们做到挺脊竖项后，整个身型就会显得端正大方、圆融周正，使人容光焕发、精力充沛，从而克服弯腰驼背等看上去让人觉得精神萎靡、身形松散的问题。

三、沉肩坠肘

肩膀在人的上肢中有着举足轻重的地位，是上肢的根节。耸肩等动作会让上身看上去非常僵硬，在做动作时，会显得不协调，内力运用得不顺达，进而导致上身关节，如腕、肘处的运转不自然，正所谓“肩紧一身僵”说的就是这个道理。所以我们要做到“沉肩”，确保肩部始终保持松弛的状态。

八段锦要求我们在做上肢动作时，确保双臂“坠肘”。手臂的上肢及其关节在开阖过程中不能将内力加之其上，整个手臂要保持自然下垂的状态，处于正常的生理弯曲角度下，使“气”不被肘部拦截，实现手肘相随，沉肩肘得力，坠肘手得劲。

四、虚胸实腹

虚胸实腹指的是以意领气，气守丹田。具体而言，虚胸指的是练习者开阖双肩，翕张肩胛骨，进而使胸腔打开，脊背后倾。而实腹指的是练习者练习时腹部中空，气沉丹田。该动作有助于强心固肾、活血化瘀、补气归元。

五、松腰下胯

腰在人体中起到上下身协调的中枢作用，松腰下胯指的是练习者在练习时确保腰肌松弛、收敛髋关节和尾闾，进而使得命门处微微拱起。

腰部长期保持松弛状态有助于整个脊椎各椎骨间节节贯穿、上下相随、力落趾指。而下胯能够稳固下盘、疏通命门、牵动督脉。

六、屈膝下蹲

屈膝，髋关节垂直下沉，上体保持中正，避免出现躯干前俯后仰、撅臀跪膝的问题。

屈膝下蹲指的是练习者在练习时双膝弯曲、腘窝松弛、双膝纵向不过脚背。同时，髋关节自然下沉，上身自然中正，纠正练习者前俯后仰、跪膝撅臀的不良姿势。

七、双脚踏实

练习者在练习八段锦时，双脚保持平行，身体自然站直，双脚全脚掌落地，全身重心均匀分布于两腿，做到重心稳、气沉着。

八、中正直立

练习者在练习八段锦时，要做到全身保持中正直立的姿势。动作要领是虚顶领劲，双肩、双胯、双足始终平行，整个脊椎保持中正，做到百会正对会阴、肩井正对涌泉，身形匀称、重心平稳。中正直立是对人整个身型的总体要求，只有做到这一点，才能达到气顺、意宁、神安的境界。

以上各身型动作要领之间相互关联、互为依托，练习者需要在长期的练习过程中逐渐体会其中的奥义，只有在反复地练习和体悟中，才能逐渐达到练功的要求，最终拥有良好的体态。

八段锦的呼吸方式

呼吸是有机体与外界环境之间进行气体交换时发生的。八段锦功法有独特的呼吸方式，不同的练习者可根据自己的需要在八段锦的练习过程中选择适合自己的呼吸方法。八段锦的呼吸方式主要包括以下几种。

一、自然呼吸方式

自然呼吸方式指的是人在自然状态下的呼吸方式，没有意念的干涉。

二、腹式呼吸方式

腹式呼吸方式指的是呼吸时依靠横膈肌运动进行的呼吸方式，主要包括顺腹式呼吸和逆腹式呼吸两类。其中，吸气时腹部发生隆起、呼气时内收的呼吸方式是顺腹式呼吸；吸气时腹部收敛、呼气时发生隆起的呼吸方式是逆腹式呼吸。

三、提肛呼吸方式

提肛呼吸方式指的是练习者在吸气时，收紧肛门和会阴，呼气时则保持松弛状态。

四、停闭呼吸方式

停闭呼吸方式指的是在一个完整的自然呼吸过程中稍停片刻，从而完成一次呼吸的方式。停闭时间一般不宜超过 2 秒。该呼吸方式主要可以增强呼吸动作对脏腑、关节、肌肉等的刺激。

八段锦呼吸方式的总原则对于入门级练习者来说，宜先采用自然呼吸方式，再逐步过渡到顺腹式呼吸方式，对于熟悉八段锦的练习者来说，应配合开阖翕张动作进行逆腹式呼吸，在动作之间进行转换时，可采用停闭呼吸方式，达到动静结合、松紧相宜的状态。由于各式的动作幅度和姿势各有不同，练习者在肺活量、呼吸频率、练功水平和程度上又有所差异，所以选择合适的呼吸方法就显得非常重要了。对于后文技术章节中提到呼吸方式，本书只做一般提示，当练习者出现呼吸不顺畅等问题时，应及时采用自然呼吸法调节不良呼吸状态。

八段锦的意念调控

《黄帝内经·素问·阴阳应象大论》记载：“是以圣人为无为之事，乐恬淡之能，从欲快志于虚无之守，故寿命无穷，与天地终此圣人之治身也。”这就是中医理论中对意念的理解。在八段锦中，意念的运用至关重要，本功法常采用的意念方法主要有以下几种。

一、意念动作

八段锦的练习者需要在练习过程中意想动作规格、要领、路线，以便正确掌握动作的操作方法。

二、意念呼吸

八段锦的练习者需要在练习过程中保持有意识的呼吸，在这个过程中会有意念的干预，从而实现意念、呼吸与动作三者之间高度配合。

三、意念身体部位

八段锦的练习者需要在练习过程中意想身体的重点部位和穴位。结合各式的功理与作用，练习者可意守不同的部位或穴位。

四、默念歌诀

八段锦的练习者需要在练习过程中默念各式的动作名称。在默念歌诀的过程中默不作声，实现意发于心，察之于体，促使身心渐入佳境。

五、存想

八段锦的练习者在练习过程中要进行存想，指的是在全身自然放松的状态下，练习者运用自我暗示，想象出某种形象，从而使身心与景象合为一体。

我们在练习八段锦时，要结合自己的技术水平、练功阶段、各招式的式势要求运用意念。在入门阶段，我们可以将重点放在意念动作的过程与规格要领方面，并在逐渐熟练动作的过程中进入绵绵若存、似守非守、一气呵成的功法境界。需要说明的是，本书在功法技术章节中介绍的各式意念活动，只是从总体上做一般提示，练习者可酌情处理，在实际的操作过程中可自行调整。

八段锦的站桩要领

正所谓“要知拳真髓，首由站桩起”，八段锦中的站桩动作要求我们保持一定的站立姿势，从而使站桩动作在相应的意念指导下，起到加强脏腑、气血、筋骨等的功能。这不仅是一项基本功，还是练习者提升练功层次、达到较高境界的重要方法和途径。本功法主要包括以下几种站桩方法。

一、无极桩

八段锦中的无极桩出现在起势、收势和各动作的转换环节中，由于其简便易行，所以被入门者轻视，导致练习次数较少。然而，无极桩是保证练习者身型中正的基础动作，可以引导练习者进入练功的意境中去。需要注意的是，站桩时间以 2 ~ 3 分钟为宜，练习者需要对其多加重视，增加练习量。

1.动作规格

双脚并步，自然站立，双臂自然下垂，置于体侧；虚顶领劲，下颌内收，唇齿轻闭；沉肩坠肘，腋窝虚撑，胸腔中空，腰腹松弛；目视正前方。

2.呼吸方式

入门阶段练习者宜采用自然呼吸方式，顺其自然呼吸；在动作熟练之后，再自然过渡为腹式呼吸方式。

3.意念运用

想象身体各部位的动作规格；保持周身放松状态，在动作熟练的过程中逐步实现意守丹田贯穿动作全过程的效果。

4.技术重点

虚顶领劲，双脚平踏，身体重心均匀分布在两脚上；全身中正站立，呼吸自然，缓缓呼吸，全神贯注，体态安详。

5.易错动作与矫正方法

八段锦的动作非常考究，我们在练习过程中想要做到一步到位是不现实的，所以经常会出现错误动作。如果出现了这些错误，我们要及时进行纠正，以免影响后续动作的学习。我们在做无极桩这一动作时容易出现以下问题。

第一，体态松垮，注意力涣散。此时，我们需要保证虚领顶劲，微含下颌，双目直视正前方，精神集中。

第二，动作僵硬，神色紧张。此时，我们需要确保双肩下沉，落肩到肘，自然呼吸，舒展眉目，自然站立。

第三，意念过多，盲目运气。此时，我们的身体会出现热、胀、麻、肌肉跳动等现象，我们不必对其进行过多关注，应该继续进行之后的动作。但当我们的身体发生晃动，出现心慌、气短、头晕、恶心等状况时，需要马上停止练习，请老师帮我们纠正自己在练习过程中的错误之处，再继续练习。

6.功理与效果

端庄中正，呼吸调和，安神定志，体态安详，心境平和。

二、抱球桩

八段锦的诸多动作来源于抱球桩，动作在演化后其内涵也在逐渐丰富，所以抱球桩是一切动作的“纲领”，进而成为初学者的首选桩法。练习的站桩时间、强度要因人而异，并且遵循循序渐进的训练规律，要有恒心进行长期的练习。

1.动作规格

双脚开步，自然站立，与肩同宽，双脚脚尖向前；双臂内旋至体侧约 45° 处，接着双臂外旋，在胸前环抱，位置为与脐同高处或在脐乳之间处，双手手心朝内、指尖相对，间距为 10 ~ 20 厘米；屈膝下坐，双膝不过脚；目视正前方，维持垂帘之状。

2.呼吸方式

入门阶段练习者宜采用自然呼吸方式，顺其自然呼吸，在动作熟练之后，再自然过渡为腹式呼吸方式。初站桩时，练习者可以意引气，以 3 次为宜，最多不可超过 9 次。

3.意念运用

练习者在入门阶段以意领气，端正身型，在动作熟练的过程中逐步实现意守丹田贯穿动作全过程的效果。

4.技术重点

技术要领主要有以下两点。

第一，后靠脊背，虚空腋窝，双臂掤劲，双手抱圆。

第二，收视反听，观照精神，沉肩坠肘，气沉丹田。

5.易错动作与矫正方法

第一，出现闭目弃顶、架肘耸肩、压膝撅臀、手掌下垂、双脚外展的问题。此时，我们需要目视前下方，收敛下颌，沉肩坠肘，尾闾紧扣，双膝不过脚，手指指尖相对，脚尖向前。

第二，出现心猿意马、呼吸短促、气息悬浮的问题。此时，我们要精神集中，舒展心胸，调息敛气，意守丹田。

第三，用意过多，盲目追求气感。在练习时，我们的身体往往会出现热、胀、麻、肌肉跳动等现象，此时我们不应对其进行过多关注，应继续进行之后的动作。但当我们的身体发生晃动，出现心慌、气短、头晕、恶心等状况时，需要马上停止练习，请老师帮我们纠正自己在练习过程中的错误之处，再继续练习。

6.功理与效果

抱球桩不仅可调身、换劲、卸掉全身拙力，还可调息达到升清降浊的功效，进而实现调心、安养心神之效。

三、扶按桩

八段锦的扶按桩要求练习者将重心放低，且运动强度大，适合体质较强者练习。

1.动作规格

双脚开步，自然站立，双脚距离宽于双肩长度，双脚脚尖朝前。接着双腿屈膝下蹲，膝不过脚尖；此时，双臂微屈，双掌自然下按，置于胯部双侧，掌与胯之间的间距约为5厘米，双手掌心朝下，指尖向前；目视正前方。

2.呼吸方式

入门阶段练习者宜自然呼吸，在动作熟练之后，再自然过渡为腹式呼吸方式。

3.意念运用

在站桩前期，保持身型端正，想象双手按扶“水中之球”；在站桩后期，逐渐调整呼吸，意守丹田。

4.技术重点

参照抱球桩。

5.易错动作与矫正方法

第一，闭目弃顶、架肘耸肩、压膝撅臀、手掌下垂、双脚外展。此时，我们需要目视前下方，收敛下颌，沉肩坠肘，尾闾紧扣，双膝不过脚，手指指尖和脚尖均须向前。

第二，出现心猿意马、呼吸短促、气息悬浮的问题。此时，我们要精神集中，舒展心胸，调息敛气，意守丹田。

第三，双臂僵硬，双手置于胯部两侧或者腹部。此时，我们需要微屈双肘，沉肩坐腕，掌根发力。

第四，用意过多，盲目追求气感。在练习时，我们的身体往往会出现热、胀、麻、肌肉跳动等现象，此时我们不应对其进行过多关注，应该继续进行之后的动作。但当我们的身体发生晃动，出现心慌、气短、头晕、恶心等状况时，需要马上停止练习，待老师纠正错误之处后，再继续练习。

6.功理与效果

扶按桩可以重塑练习者的身型，符合中正端庄的要求。同时，它可以强筋壮骨，稳固根基，改善肌肉力量，有强身健体之效。

八段锦的预备势

一、动作规格

第一步，双脚并步，取自然站立姿势；以意领气，上引后顶，竖颈挺脊，齿唇微含，舌尖轻抵上腭，全身放松；沉肩垂肘，舒指松腕，双臂自然下垂，落于体侧；虚掩腋窝，胸部舒展打开，腹部中空；目视正前方。

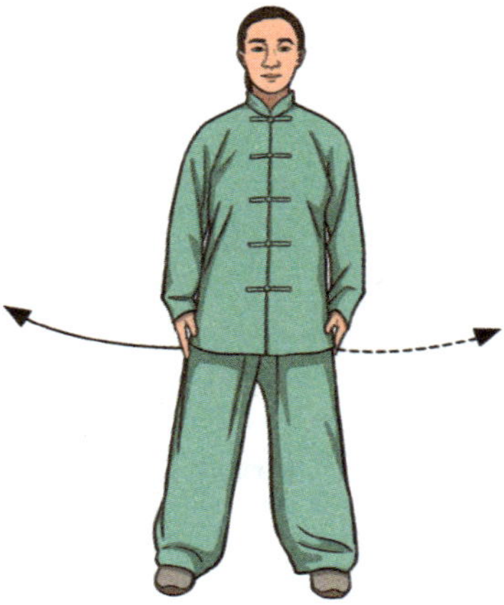

第二步，松腰下胯，重心落在右脚上，左腿朝左侧开步，双脚与肩同宽，双脚脚尖向前，重心重新分布在两腿上；目视正前方。

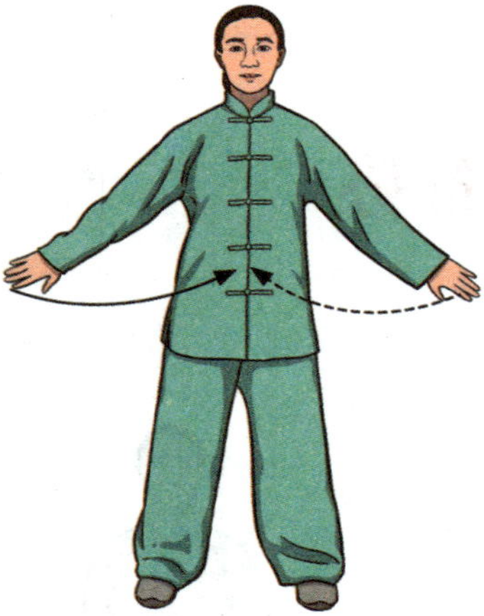

第三步，练习者内旋双臂，双掌分别在两侧摆起，手臂与身体的夹角约为45° ，掌心向后；目视正前方。

第四步，练习者接上势不停，重心下沉，双腿膝关节弯曲；此时，双臂外旋，双掌合抱至胸前，方向为斜前方 45° ；屈肘抱腕呈抱球状，掌心向内，与脐同高，指尖相对，指尖间距为 10 ~ 20 厘米；目视正前方。

二、呼吸方式

练习者在做第一、二步时保持自然呼吸，第三步吸气，第四步呼气。呈抱球状后调息 3 次。

三、意念运用

起势时，练习者需要想象基本姿态，保证动作准确无误，周身放松；第四步要求做到意守丹田。

四、技术重点

第一，虚顶领劲，身型中正，提臀收胯，开启命门。

第二，双臂呈抱球状后，微微打开腋下，双臂掤圆，掌心内含，脊背后靠，打开云门。

第三，收视反听，目视正前方，形神合一。

五、易错动作与矫正方法

第一，练习者双臂抱圆时双手拇指上翘，其余四指指向地面。此时，我们需要做到沉肩坠肘，拇指放平，指尖相对。

第二，练习者塌腰、跪膝、八字脚。此时，我们需要做到提臀松腰，内扣膝关节，双膝不超脚背，双脚平行，脚尖朝前。

六、功理与效果

起势可帮助练习者调整身型，中正端庄，宁神静气，调息养神，开阖气机，固肾培元，快速引导练习者进入练习意境。

第一式　双手托天理三焦

一、动作规格

第一步，练习者接上势不停。双臂外旋后下落置于腹前，双掌掌心向上，指尖距约为 10 厘米，小指侧距小腹约 10 厘米；目视正前方。

第二步，接上势不停，双手十指分开交叉置于小腹前；目视正前方。

第三步，接上势不停，身体重心徐徐升起；此时，双臂屈肘，双掌牵引向上抬至胸前，双手掌心向上；目视正前方。

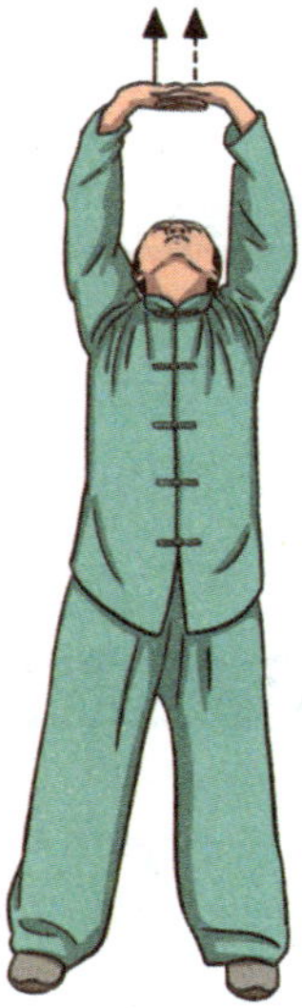

第四步，接上势不停，双腿缓缓伸直；此时，内旋双臂，向上托掌，微屈双肘，掌心朝上；练习者抬头，目视双掌掌背。

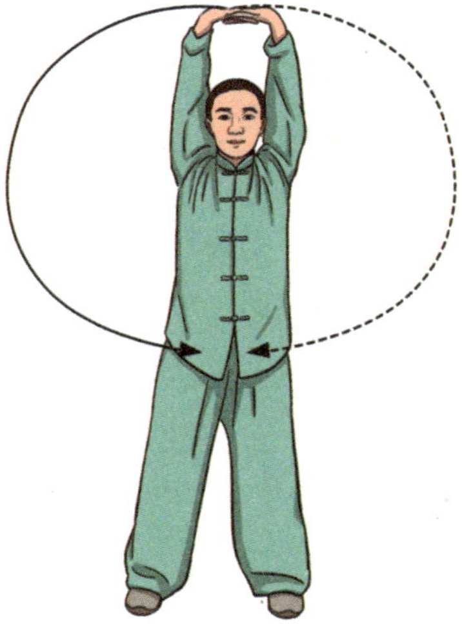

第五步，接上势不停，两掌继续上托，直到肘关节全部伸直；此时，内收下颌，动作暂停，双臂保持抻拉状态；目视正前方。

第六步，全身重心缓慢下沉，双腿微微屈膝；此时，双手十指慢慢分开，两臂分别缓缓下落至身体两侧斜下方 45°，接着双臂屈肘，双掌捧于腹前，掌心向上，掌指指间距约为 10 厘米；目视正前方。

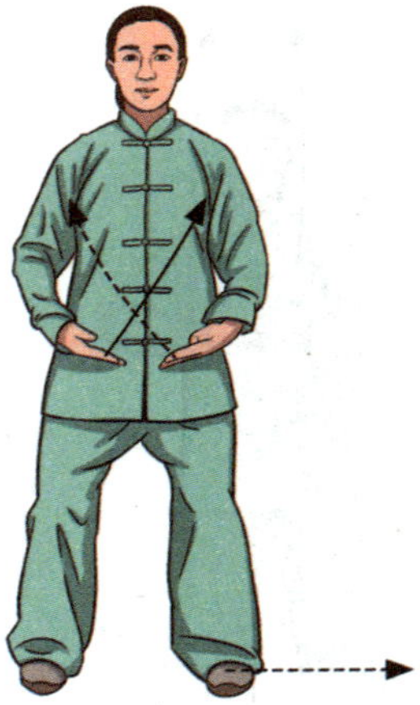

该势以托举、下落动作为一个组合，共做 6 遍。

二、呼吸方式

第一、二步采用自然呼吸方式；第三、四步时练习者吸气；第五步采用停闭呼吸方式；第六步时练习者呼气。

三、意念运用

以意领气，气贯长虹，统帅三焦。

四、技术重点

第一，练习者上托双掌，扩肩展胸，抻长脊椎，双脚脚趾抓地；

第二，练习者双掌自然下垂，松腰坐胯，沉肩坠肘，放腕舒指，上身端正。

五、易错动作与矫正方法

第一，练习者双手上托于胸位时耸肩，导致上臂倾斜。此时，我们要注意发力方式应为由掌带臂上抬，沉肩坠肘。

第二，完成第四步时，练习者没有充分抬头，完成第四、五步时，练习者的动作衔接不好。此时要做到眼随手动，由下颌带动头部，进而挤压大椎穴，再收敛下颌，继续上托两掌，直到双肘全部伸直，力自掌根发出后，意达掌指。

六、功理与效果

第一，该势伸展抻拉全身肌肉、关节，配合合理的呼吸方式，可以调节全身气机，促进血液循环，提升营养物质在组织质液中的运输效率。还可牵动任、督二脉，刺激手足三阴三阳经，抻拉整个脊柱神经系统，充分调理三焦。而扩胸运动能促进腹腔、盆腔脏器的挤压和蠕动，调理气血，改善脏腑功能。

第二，该势充分锻炼人的肩部，可有效防治肩部疾患，预防颈椎病。

第二式　左右开弓似射雕

一、动作规格

第一步，练习者接上势不停。练习者全身重心右移，松腰下胯，左腿向左开步，身体中正站立，此时双肩放松，双臂屈肘交叉于胸前搭腕，双掌掌根置于膻中穴处，左掌在外，右掌在内，掌心朝内；目视正前方。

第二步，双臂沉肘内撤，左臂内旋坐腕呈八字掌，右掌屈指呈龙爪，左手掌心朝斜前方；目视正前方。

第三步，接上势不停，两腿屈膝呈马步；此时，左手八字掌朝左侧推出，腕与肩平，右手龙爪朝右侧平拉，与肩齐平，姿势犹如拉弓射箭状，运用内力抻拉筋骨；目视左手推掌方向。

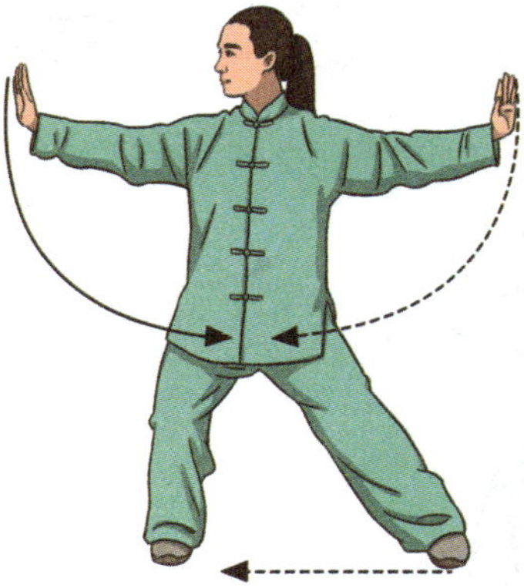

第四步，练习者身体重心右移，左膝略伸直；此时，右手舒展呈自然掌，朝右方、上方划弧，腕与肩同高，掌心朝前斜方，右手指尖朝上，左手动作步骤同右手；目视右掌处。

第五步，接上势不停，练习者重心继续右移，撤回左脚，双脚平行，自然站立；此时，双掌自然下落，垂至体侧，双臂屈肘，双掌捧于腹前，掌心朝上，指尖相对，指尖间距约为10厘米；目视正前方。

右势动作同左势动作，唯左右相反。

该势一左一右为一个动作组合，共做3遍。

第三遍最后一动时，练习者的重心须继续左移，收回右脚，双脚呈开步站立，与肩同宽，微屈双膝；此时，双掌自然下垂，落于体侧，双臂屈肘，捧双掌于小腹前，掌心向上，指尖相对，指尖间距约为10厘米；目视正前方。

二、呼吸方式

第一、二、四步时练习者须吸气，第三、五步时练习者须呼气，第三步动作即将形成定势前练习者须做停闭呼吸，直至定势结束。

三、意念运用

在第三步练习者拉弓时，应意想夹脊，定势时意在八字掌的食指指尖。

四、技术重点

第一，练习者在做拉弓动作时不要忘记变换手型，确保发力方式是由脊发力，尽力转头至不能再转头为止，双臂拉伸在一条直线上。

第二，练习者在扎马步下蹲时，确保膝不过脚尖。

第三，练习者在完成各项动作时要保证上身中正。

五、易错动作与矫正方法

第一，练习者的头颈动作僵硬，扭头没有转到不能再转为止。此时，我们需要内收下颌，使鼻尖正对八字掌食指即可。

第二，练习者在拉弓时无故耸肩，导致推掌时腕关节、肘关节发力，动作僵硬。此时，我们需要做到坐腕翘指、沉肩坠肘。

第三，练习者重心偏移，马步压膝。此时，我们需要做到松腰坐胯、重心均匀分布，双膝不过脚尖。

六、功理与作用

第一，该势左右开弓动作可开阖胸腔，提升肺活量、回心血量，调理上焦；八字掌要求练习者坐腕翘指，而龙爪又须位于云门穴处，这样可以疏通手太阴肺经、手阳明大肠经，进而有改善微循环、心肺功能以及促进关节活动之效。

第二，该势的屈膝下沉扎马步动作可收缩股四头肌、小腿后侧肌群等，增强下肢力量，促进血液循环以及回流效率。

第三，转头扭颈，舒展肩背，扩张胸腔，有利于颈椎锻炼，减少小关节异位的风险，可有效调节上身肌肉群，纠正练习者弯腰驼背的不良体态，进而减少颈椎病、肩周炎等疾病的病发率。

第三式　调理脾胃须单举

一、动作规格

第一步，练习者接上势不停。练习者身体重心缓缓上升。此时，练习者左臂内旋微微上抬，与胸同高，掌心向内，指尖朝向斜上方；同时，右臂内旋，右掌心朝内，指尖朝向下斜方；目视正前方。

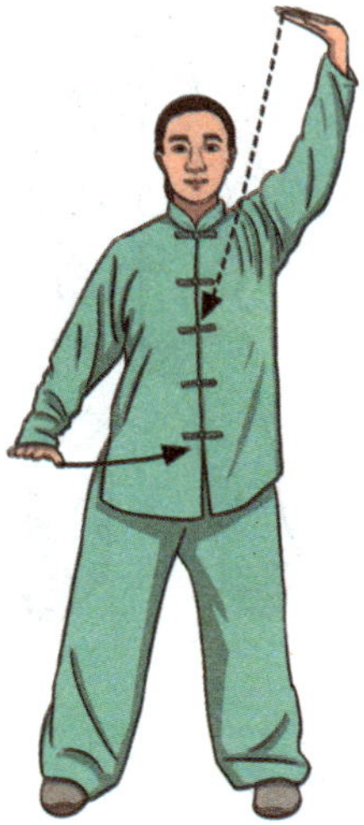

第二步，接上势不停，练习者左臂继续内旋上举，左掌翻转，掌心向上，并上托至头顶左上方，左肘微屈，力达掌根，掌心朝向上斜方，指尖向右，确保中冲与肩井保持在同一垂直线上；此时，练习者右臂继续内旋，右掌掌心下按，落至距右胯约 10 厘米处，右肘微屈，力达掌根，掌心向下，指尖向前；动作稍停，内力抻拉筋骨；目视正前方。

第三步，练习者松腰下胯，重心缓缓下沉，双膝稍屈；左肩下沉，左肘微屈，左臂外旋带动左掌下落，直到与胸同高处，掌心向内，指尖朝斜上方；右臂外旋，右掌收回，落至腹前，右手掌心朝内，指尖朝斜下方；目视正前方。

第四步，接上势不停，练习者重心继续下移，双膝继续弯曲；此时，双臂外旋下落，双掌合抱于腹前，掌心向上，双掌指尖相对，指尖间距约为 10 厘米；目视正前方。

右势动作与左势相同，只是方向相反。

该势一左一右为一组动作，共做 3 遍。

第三遍最后一动时，练习者右臂外旋，指尖向后；全身重心下沉，双膝弯曲下蹲；此时，右掌下落至前方，停按于胯两侧约 10 厘米处，掌

心向下，指尖向前，左掌微微前移，双肘微屈；目视正前方。

二、呼吸方式

进行第一、二步时，练习者须吸气，进行第三、四步时，练习者须呼气，进行第二步时，练习者在自身即将形成定势前应采用停闭呼吸方式，直到定势结束。

三、意念运用

第一，练习者合抱双臂于胸前时，应做到意守丹田。

第二，在进行第二步时，练习者需要意想顶天立地，以天地为契，调整气机，清升浊降，协理脾胃。

四、技术重点

第一，练习者在进行第一步时需要保证手掌角度为 45°　。

第二，练习者上撑下按时须做到力达掌根，双肘微屈，牵引胁肋，脚趾抓地，从而确保全身舒展、上拔下拉，给人以擎天柱地、豪气干云之感。

第三，练习者撤掌回收时，双掌须按动作原路线返回。

五、易错动作与矫正方法

第一，练习者双臂抬肘时，双掌掌指位于胸腹前横置。此时，我们需要注意下沉双肘，确保小臂与身体夹角为 45° ，做怀抱婴儿状。

第二，练习者上举下按双掌时，动作不同步。由于手臂上举时经过路线较长，所以另一手臂在进行下按时要徐徐进行，以便双手动作协调一致，同时到位。

第三，练习者的上臂在下落时没有做到原路返回。此时，我们需要注意的是，手臂下落需要做到沉肩坠肘、缓缓旋臂，进而带动手掌以原路返回。

六、功理与效果

两掌上下对拉，使脊柱两侧肌肉向相反方向用力，椎体两侧形成上下相对运动，增强脊柱稳定性，利于防治颈、肩疾病等。

第一，该势双掌上举下按、脚趾抓地动作可使练习者足太阴脾经得到牵引，进而刺激两肋、中脘，以及后背的脾俞、胃俞等穴位，还可以促进肠道蠕动，有效调节脊背肌肉，增强筋骨韧带的张力，调理腑脏，疏通经络，活血化瘀，祛病强身。

第二，该势配合合理的呼吸方式，利于脾的升清功能和胃的降浊功能，增强心肺功能。

第三，双掌上牵下拉，双臂反向用力集中于中脘，锻炼脊背进行上下相对运动，从而加强脊柱的灵活性与稳定性，有效防治颈椎病、肩周炎等疾病。

第四式　五劳七伤往后瞧

一、动作规格

第一步，练习者接上势不停。双腿慢慢挺膝，双腿伸直；肩部下沉，伸直双臂，掌心向后，指尖朝斜下方伸出；目视正前方。

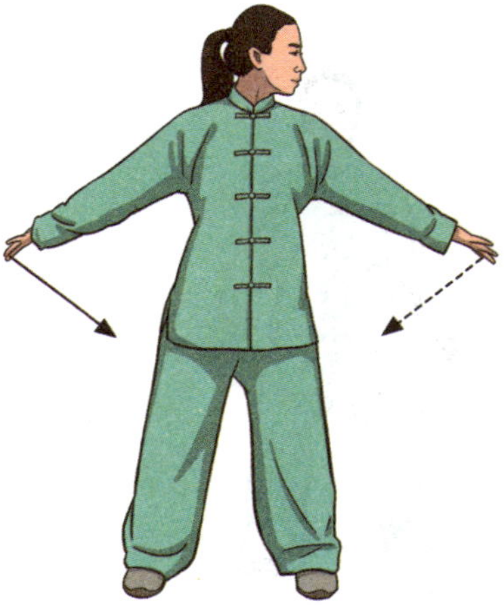

第二步，接上势不停，练习者外旋双臂，上摆至体侧约 45° 处，掌心朝向斜后上方；此时，向左后方扭头，同时扩胸展肩；动作暂停，双臂由内力抻拉；目视左斜后方。

第三步，练习者松腰下胯，重心下降，双膝微微弯曲；此时，扭头回正，内旋双臂，屈肘按掌，置于双胯两侧，掌心向下，指尖向前；目视正前方。

右势动作与左势相同，只有方向相反。

该势一左一右为一组动作，共做3遍。

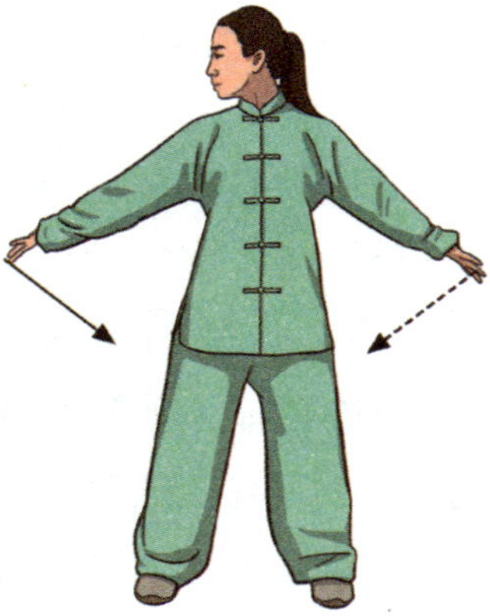

第三遍最后一动时，练习者双膝弯曲下蹲；此时，扭头回正，双臂内旋，屈肘捧掌，停于腹前，掌心向上，指尖相对，指尖距约 10 厘米；目视正前方。

二、呼吸方式

进行第一、二步时，练习者须吸气，进行第三步时，练习者须呼气，在第二步练习者即将形成定势前，须采用停闭呼吸方式，直至定势结束。

三、意念运用

进行第一步时意在肩井，进行第二步时意在大椎，进行第三步时意守丹田。

四、技术重点

第一，练习者保持上身朝前，即便是扭头动作也不能改变中正的体位，双臂旋转时要用全力，位置要准确，即力要沿着身体两侧延伸。

第二，练习者在进行第二步定势时，需要蕴含内力于背脊，做到气达指尖。

第三，练习者在进行第三步时，撤回双掌收回双胯，肩胛骨应微微打开，拱起命门，脊柱挺直，虚顶领劲。

五、易错动作与矫正方法

第一，练习者扭头向后时上身后仰，旋转双臂时未尽全力，扭头急促，动作没有缓缓行之。出现这些问题时，我们要做到虚领顶劲，内收下颌，内蕴功力，徐徐进行，使扭头和旋臂动作达到同步。

第二，练习者扭头向后时容易牵引上身离开中正体位，进而导致双臂位于身后。此时，我们要想象动作规格，确保上身端正，面朝前方，双臂旋转后不能超过身体两侧垂直线。

六、功理与效果

第一，该势内外旋双臂、扩胸开肩动作可有效牵引任脉、督脉，带动手三阴、阳经，其中，内旋手臂还可挤压背部腧穴、夹脊等。手阴阳经开阖翕张，可有效调节全身气机、燮理阴阳、强健脏腑。

第二，该势扭头后瞧动作能有效刺激大椎，带动颈部两侧动脉，促进脑供血，增强全身肌肉力量，有效缓解双眼视疲劳，同时延缓老年痴呆，预防颈椎病、肩周炎等慢性疾病。

第五式　摇头摆尾去心火

一、动作规格

第一步，练习者接上势不停。全身重心缓缓左移；右腿向右侧开步，自然站立，双脚间距约为练习者自身脚长的3倍，双腿自然伸直；此时，双掌上托，停至胸高位，内旋双臂后，翻转双掌，掌心向上，托至头斜上方处，微屈双肘，掌心朝斜上方，指尖相对；目视正前方。

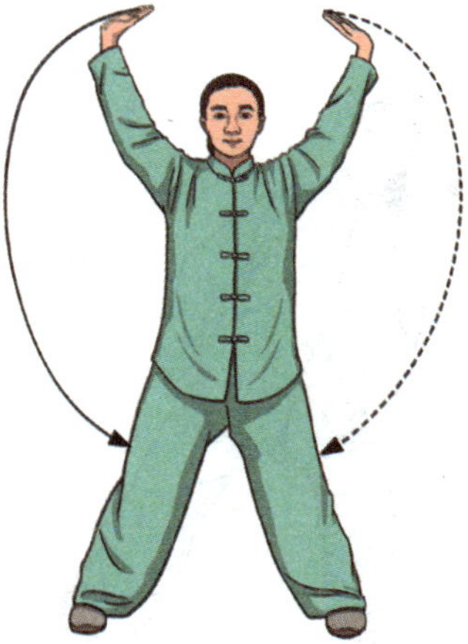

第二步，接上势不停，全身重心下降，双腿屈膝下蹲缓缓扎马步；此时，双臂自然下落，弯曲肘关节，掌指轻倚膝关节上方，松腕沉手，掌指朝斜前方；目视正前方。

第三步，接上势不停，练习者稍稍升起重心；目视正前方。

第四步，接上势不停，练习者重心右移，右腿屈膝，左腿稍屈膝关节；此时，上身右倾约 45°；目视正前方。

第五步，接上势不停，练习者重心稍下降，呈右偏马步状；此时，上身俯身右转；目视右脚尖。

第六步，接上势不停，练习者重心左移，呈左偏马步状；此时，上身俯身左旋，停至左斜前方；目视右脚跟。

第七步，接上势不停，练习者重心稍向右移，向右侧送出右髋骨，尾闾随之以逆时针方向水平旋转至身体正后方；此时，身体重心随尾闾转动后落至两腿间，双膝弯曲；练习者胸部微含，头部从左向后转向正后方；目视上方。

第八步，接上势不停，练习者内敛下颌与尾闾；身体重心下沉呈马步状；目视正前方。

右势动作与左势相同，只有左右方向相反。

该势一左一右为一个动作组合，共做3遍。

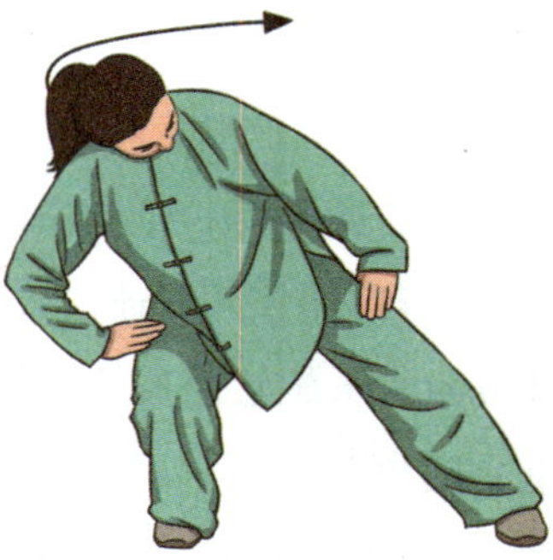

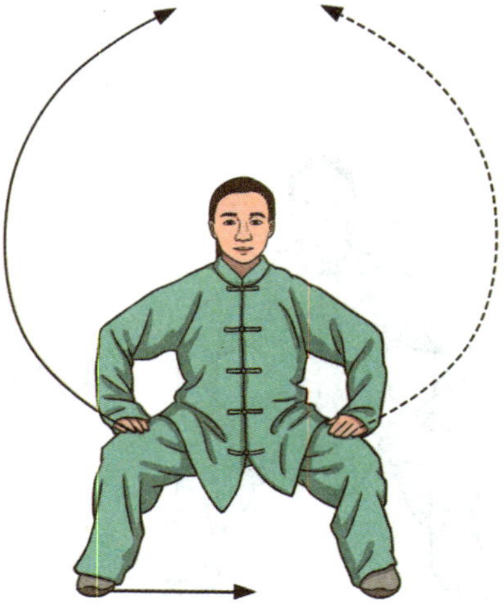

做完3遍后，练习者全身重心左移，右脚收回后双脚平行，与肩同宽，自然站立；双手自双侧托举向上时向外翻转旋掌，手心向上，最后停在头顶，掌心相对；目视正前方。练习者身体重心徐徐下沉，双膝弯曲；此时，双臂屈肘，使双手经身前下按，落至小腹前，掌心向下，指尖相对，保持约10厘米的距离，双手拇指侧距腹部约10厘米；目视正前方。

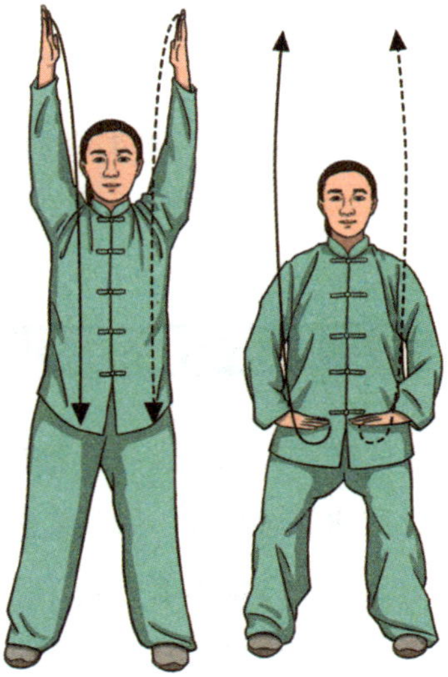

二、呼吸方式

进行第一、三、四、七步时，练习者须吸气，进行第二、五、六、八步时，练习者须呼气。

三、意念运用

第一，进行第一、二、三、四、五、六步时，练习者须遵循意念动作规格的规范做法。

第二，进行第七步时，练习者须在转动头部和脊椎时意在大椎、尾闾。

第三，进行第八步时，练习者在下沉重心时，确保意守丹田。

四、技术重点

第一，练习者在练习整式时要做到明确一招一式，最后实现动作之间的连贯。

第二，以意领气进行摇头摆尾动作时，尾闾领衔头部转动，内力自尾闾逐渐抵达大椎。

第三，扭头时动作需要缓慢进行，刚柔并济，摆尾时做到收腹提臀，实现动作的圆活顺达。

五、易错动作与矫正方法

第一，练习者摇头摆尾动作不能做到同时到位。此时，我们需要注意在朝外送胯时，做到头部跟随、肩颈松弛的状态，同时双目看向上方。

第二，练习者进行第七、八步时出现挺腹扩胸的问题。此时，我们需要注意松腰下胯、提臀收腹、内含胸部。

第三，练习者进行第二步扎马步时出现双手按压大腿或者虎口掐按大腿的问题。此时，我们要做到沉肩坐腕、掌根悬空，确保双手轻抚在膝盖上方。

六、功理与效果

第一，该势摇头摆尾动作可壮阳泄热、滋阴补肾、燮理阴阳，疏通任督二脉，强健五脏六腑，促使肾水上济，确保心肾相交。此外，该动作也可牵引脊髓和马尾神经，优化内脏神经系统，改善卵巢、子宫、前列腺、膀胱等脏器功能。

第二，该势要求旋转整个脊柱，在上下牵拉之中，提肛收腹、下拉膈肌，可以有效保养脊柱，而全身的脏器会在牵引的过程中受到挤压，可协理中焦、下焦，促进有机体的消化、排泄、运化功能。

第三，该势要求练习者松腰下蹲、改变重心位置，这样就能活动人体的髋关节，进而促进下肢血液循环，可有效预防股骨头坏死等疾病。

第六式　双手攀足固肾腰

一、动作规格

第一步，练习者接上势不停，保持自然站立姿势；此时，双手指尖转向前方，双臂从前向上举起，伸直双臂，掌心向前；目视正前方。

第二步，接上势不停，练习者外旋双臂，掌心相对，双臂屈肘使双手经面前下按，置于胸前，掌心向下，指尖相对；目视正前方。

第三步，接上势不停，练习者外旋两臂，双手掌心朝上，各掌指内旋，经腋下反插至后背；目视正前方。

第四步，接上势不停，练习者双手掌心贴背，沿脊柱两侧摩运向下落至臀部；目视正前方。

第五步，接上势不停，练习者上身前倾，双手继续沿双腿后摩运向下，停至脚踝，再沿双脚外侧移至双脚小脚趾处，接着外旋手腕，掌扶脚面，掌指朝前；目视下方。

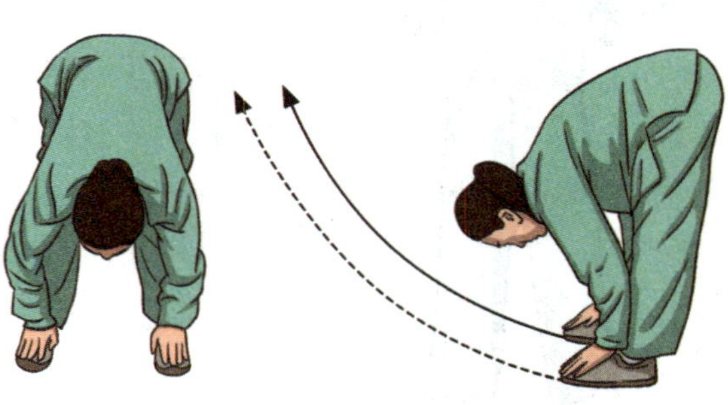

第六步，接上势不停，练习者双手保持不动，塌腰、翘臀、微抬头；双手手掌沿地面自前向上牵引，由臂带动上身抬至水平位置；目视前下方。

第七步，接上势不停，练习者双臂继续牵引上身，举双臂至头上方后，全身立起，双手手掌间距与肩同宽，掌心向前，指尖朝上；目视正前方。

该势一下一上为一组动作，共做 6 遍。

做完 6 遍后，练习者全身重心逐渐下沉，双膝弯曲；此时，双臂朝前下落，稍屈双肘，掌心下按，停至小腹前，掌指朝前；目视正前方。

二、呼吸方式

进行第一、三、四、七步时，练习者须吸气；进行第二、五步时，练习者须呼气；进行第六步时，练习者须采用停闭呼吸的方式。需要注意的是，有一定基础的练习者可根据自己的呼吸频率酌情改变呼吸节奏，可将两吸两呼并为一吸一呼，做到"起吸落呼"。

三、意念运用

第一，练习者俯身时，整个脊柱须保持放松状态。

第二，练习者向上挺身、拉伸腰背时要意守命门。

四、技术重点

第一，练习者俯身时需要放松全身关节，尤其是颈、肩、腰、脊各部分，要上拱命门，身形呈弯弓状。

第二，练习者起身时需要做到发力正确，以臂带身，使四肢得到充分舒展，由命门发力，呈反弓状。

五、易错动作与矫正方法

第一，练习者在用双掌摩运全身时没有保持身体中正状态，俯身屈膝。需要注意的是，双掌摩运至臀部后方可俯身，同时需保持双膝挺立。

第二，练习者在进行第六步时，全身发力方式错误，导致背伸状态不佳。需要注意的是，正确的发力顺序应为塌腰、翘臀、抻腰、微抬头。

第三，练习者在挺立上身时，发力部位为上身。需要注意的是，挺立上身时要做到以臂带身，让双臂向前、向上带动上身。

六、功理与效果

第一，该势中的前屈脊柱与背伸动作可有效锻炼脊柱周围相关肌肉力量，增强脊柱及其周围组织的稳定性、柔韧性和延展性，从而可有效防治颈椎病、腰椎病。

第二，该势中的双掌摩运、俯身攀足动作中的循经按摩可带动督脉、膀胱经，刺激命门、肾上腺、肾俞等穴，俯身攀足通过起身动作牵动足少阴肾经，有充盈气血、固肾壮腰之效。

第七式　攒拳怒目增气力

一、动作规格

第一步，练习者接上势不停。练习者全身右移重心，左脚向左侧迈出一步，双腿屈膝下蹲呈马步；此时，双手固握，撤至腰部，双拳拳眼向上；目视正前方。

第二步，接上势不停。练习者伸左拳向前缓慢推出，与肩同高，微屈左肘，拳眼朝上，当肘从肋部发出后，出拳逐渐紧握，双目注视左拳并逐渐睁大；此时，双脚脚趾抓地；目视左拳出拳方向。

第三步，接上势不停。练习者以肩带腰右转身；同时，练习者内旋左臂，左拳恢复为掌朝前伸，手心向外，掌指朝前；目视左掌出拳方向。

第四步，接上势不停。练习者左掌按逆时针方向旋腕一周，握固成拳，拳心朝上；此时，双脚脚趾抓地；怒目圆睁，目随掌动。

第五步，接上势不停，练习者屈左肘收拳至腰间，拳眼朝上；同时，全脚放松，放空双目，目视正前方。

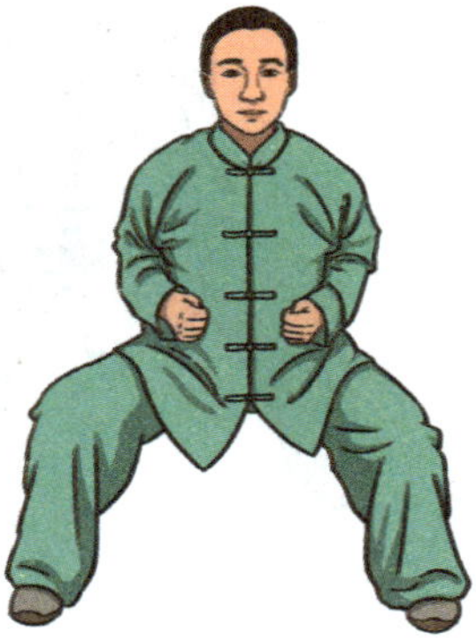

右势动作与左势相同，唯方向相反。

该势一左一右为一个组合动作，共做 3 遍。

做完3遍后，练习者全身重心右移，撤回左脚，双脚平行，自然站立；此时，双拳变掌，自然下垂，落于身体两侧；目视正前方。

二、呼吸方式

进行第一、五步时，练习者须吸气；进行第二、三步时，练习者须呼气；进行第四步时，练习者须停闭呼吸。

三、意念运用

第一，练习者推拳而出时，要做到意守命门。

第二，练习者旋腕时，要做到意想手三阴、三阳经各穴。

四、技术重点

第一，练习者攒拳前伸和撤回时，双臂与双肘须贴胁肋部运拳。

第二，练习者在进行全套动作时，要做到眼随手动。

五、易错动作与矫正方法

第一，练习者在推拳而出时出现肩紧肘掀、上身前倾的问题。此时，我们需要注意在冲拳时做到虚顶领劲、沉肩坠肘、双臂贴肋、松腰下胯、上身中正。

第二，练习者遗漏旋腕画圆动作。此时，我们需要想象正确的动作规格，注意力保持高度集中。

六、功理与效果

第一，该势要求练习者摩运双手、强力固握、脚趾抓地、怒目而视，这些均可牵引全身肌肉、关节部位，促进血液循环，有效刺激手足三阴、三阳经，疏通肝经，调理气血，强筋健骨。

第二，该势要求练习者用力冲拳，此时髋关节和头部在保持静止状态下扭动整个脊柱，可加大脊椎的旋转幅度，提升关节灵活性，进而可防止脊柱相关疾病的发生。

第八式　背后七颠百病消

一、动作规格

第一步，练习者接上势不停。练习者竖项立脊，头自后顶领起，沉肩垂肘，收腹提肛，掌指朝下，逐渐拉伸；此时，提踵抬脚，脚趾抓地，动作缓慢，目视正前方。

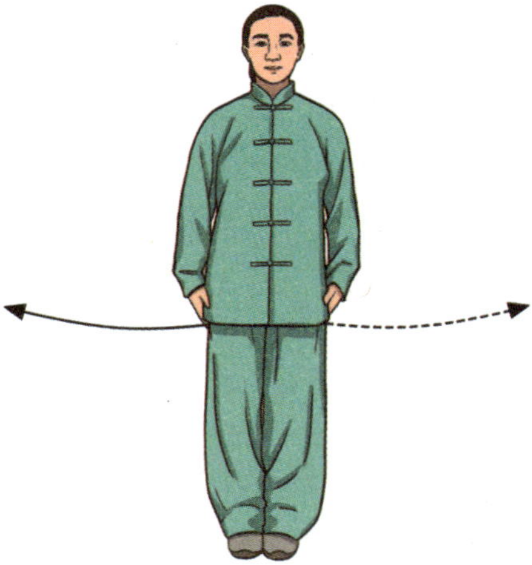

第二步，练习者徐缓下落脚跟，全身轻震，自然下落至地面；此时，沉肩舒臂，稍稍咬牙，放松全身；目视正前方。

该势一起一落为1遍，共做7遍。

二、呼吸方式

进行第一步时，练习者须吸气，进行第二步时，练习者须呼气，在第一步形成定势时，练习者须采用停闭呼吸方式。

三、意念运用

第一，练习者提踵抬脚时应意在后顶。

第二，练习者徐缓下落脚跟，全身轻震时，应减少意念，无心无为，以便放松全身。

四、技术重点

第一，练习者提踵抬脚时应做到后顶上领、提肛收腹、脚趾抓地。

第二，练习时应做到呼气咬牙，周身放松。

五、易错动作与矫正方法

第一，练习者往往会出现身体无法保持平衡，导致重心不稳的问题。此时，要意在后顶，以意领气，确保脚趾用力抓地，稳定全身重心。

第二，练习者下落脚跟，全身震地时用力过猛。此时，我们需要做到以意领气，缓缓下落，轻震地面。

六、功理与效果

第一，练习者通过练习全身拉伸、回落双脚、轻震地面的动作，调整脊柱小关节位置，挤压椎间盘、脊髓，同时收腹提肛控制膈肌，从整体上对内脏器官进行按摩，可帮助练习者复位关节，缓解全身紧张。

第二，练习者通过练习提踵抬脚、脚趾抓地的动作，可有效牵动足三阴、三阳经，加强小腿后肌肉群锻炼，提升平衡力和动作的协调性。

八段锦的收势

一、动作规格

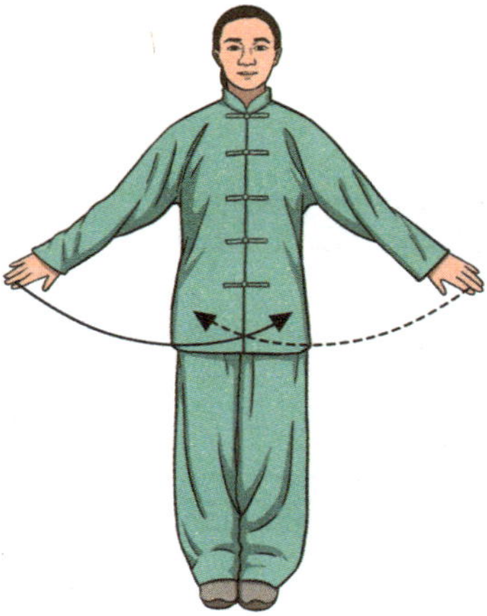

第一步，练习者接上势不停。练习者内旋双臂，自身体两侧摆起约45°后，双掌掌心朝后，掌指朝下斜方；目视正前方。

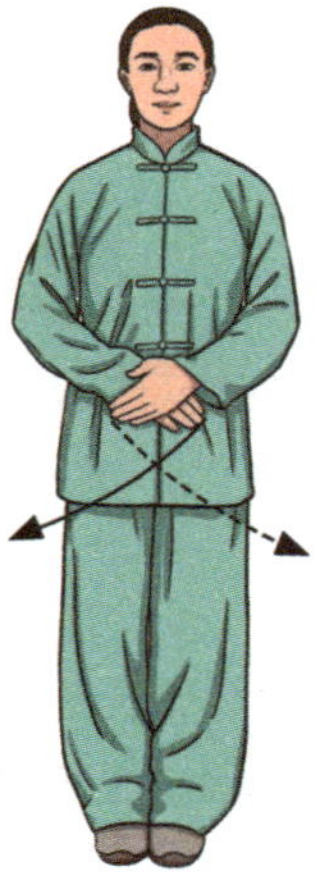

第二步，接上势不停，练习者外旋双臂，双臂在身前划弧，下落至斜前方45°时，双肘弯曲，双掌合抱至小腹前，掌心相叠（男性左手在内，女性右手在内）；目视前下方，体态安详。

第三步，练习者双臂自然下垂，掌心轻贴于双腿外侧；目视正前方。

二、呼吸方式

进行第一步时，练习者须吸气，进行第二步时，练习者须呼气，进行第三步时，练习者须采用自然呼吸的方式。

三、意念运用

进行该势时练习者须做到意守丹田。

四、技术重点

练习者须做到周身放松，气归丹田，固本培元，体态安详。

五、易错动作与矫正方法

练习者往往会出现草率收功的问题。此时，练习者自身要从思想上高度认可收势动作存在的重要性，并严格按照收功程序和要求确保气息归元。

六、功理与效果

练习者练习该势可引气归元，从而可进一步巩固练习效果，使身体逐步恢复到练习前的状态。

第四章 八段锦的实践要领

八段锦的设计灵感来源于生活，但练习者是否能获得成效取决于练习的程度。八段锦融汇众多气功窍要，想要通过练习八段锦获得良好的健身之效，归根结底还要依赖于练习者的日常练习。练习包括『学』和『练』两部分，其中，『学』要求练习者学习八段锦的动作规格、掌握运功方法；『练』要求练习者锤炼自身技能。二者以由浅入深、由易到难、由术而道的规律形成有机整体，缺一不可，相辅相成。本章主要介绍几种学练方法供练习者学习参考。

站桩扎实

八段锦的基本功就是站桩，前文我们已经详细介绍了几种站桩方法，它们既是入门者首先接触的内容，也是熟练者提升练习境界的法门，贯穿在八段锦学练始终。作为一种锻炼形式，站桩古已有之，这在5000多年前马家窑文化时期的彩陶罐上可以得到佐证。当时的彩陶罐上浮塑有前人吐纳站桩、行功打坐的形象，结合《黄帝内经》中的医学理论，我们不难看出以“独立守神”为宗旨的站桩行功方式在中国内功中的重要地位。古人认为“万法归于桩”，气功练习者都认为初学者应先把站桩练好后才能在今后的练习中做到功法自通，其理自见。八段锦的“抱球桩”被认为是练功第一桩，由于是预备势，所以抱球桩既有帮助练习者塑造身型的奠基作用，也是八段锦的基本动作和招式。整套功法的各个动作均通过站桩作为衔接点，8个招式中的定势动作也是站桩姿势之一。我们可以毫无疑问地认为，八段锦是始于桩、行于桩、止于桩的，正所谓“桩中行功”，就是这个意思了。站桩之所以为人们所看重，是因为它可以通过促进筋、膜、骨、肉之间的相对运动，逐渐塑造练习者的基本身型，在达到练习标准的情况下，逐渐养成良好的习惯，形成肌肉记忆，确保练习者的形、气、神融为一体，进而实现疏通经络、濡养脏腑、活血化瘀、调理气血、安神定志、燮理阴阳的目的。

站桩的基本要求是要做到尾闾中正、以神贯顶，拥有“中正安舒”的身姿。可见，中正安舒的核心是使练习者达到身心合一的境界，而不仅仅是改变练习者的形体。“中正”指的是练习者保持身体中正，做到虚顶领劲、竖项立脊、沉肩坠肘、虚胸实腹、松腰下胯、屈膝沉坐、脚掌抓地。而“安舒”指的是练习者在站桩时要做到周身放松、平心静气。放松形体先从肌肉、肌腱、韧带等开始，以意领气，气贯全身，精神集中，形神合一，从而使皮、肉、筋、脉、骨、膜、关节、内脏等达到神与形合、气寓其中的最佳状态。此外，还可采用“九节九窍”法调控意念，帮助练习者进行形体放松。其中，“九节”指的是颈、胸、腰、肩、肘、手、胯、膝、足，而“九窍”指的是九节上的重要穴位，包括大椎、神道、命门、肩井、曲池、劳宫、环跳、委中、涌泉。练习者在站桩时，意想周身放松，以意领气自上而下、由里到外、由点到线、由线而面，逐渐放松大椎、神道、命门、肩井、曲池、劳宫、环跳、委中、涌泉，反复意想数遍后逐渐熟练，最后可达到形体放松、意念合一的行功境界。当练习者处于该阶段时，呼吸逐渐缓慢成自然，练习者的内力也会逐渐深厚起来，全身进入安神定志的状态中。需要注意的是，练习者此时应见好就收，不可贪功，以保持恬淡虚无的心态为宜。

形神合一

根据前文我们已经知道，形、气、神三者的统一是人生命的根本，三者的关系是神主意、意帅气、气引形。在入门阶段，练习者很难感受到意识在八段锦中所起到的重要作用，事实上，此练习阶段主要依靠无形的神、意、气作为引动动作的核心力量。抱神以静，形将自正，只要我们拥有平静肃穆的心境，我们的形体也很难发生歪斜。但我们需要避免这样一个练功的误区，那就是很多人认为，练功是有高下之分的，我们只有在进行意、气、神合一的练习时才算高境界的练习，而具体的形体运动就是低级的，是为人所诟病的。事实上，作为人的生命构成要素，形、气、神三者仅有功能上的差异，并无高低贵贱之分。更何况，练习者要进入意、气、神合一的高境界并不是一步到位的，前期必然少不了大量的形体训练。很多人把这种境界描绘得出神入化，使练习者在实际的操作过程中感到无所适从、无从下手，成了练习时的一大障碍。“是以摄生之士，莫不练形养气以保其生……即气之与形，相须而成。”古人认为，虽然神和气的锻炼在练功中至关重要，但缺乏形体的运动也是万万不可的。从“身心合一，神气混融……谓之丹成，喻为圣胎”中，可见古人认为我们应该达到的境界是身心合一、形神兼养。传承千年至今的八段锦以形体导引为主，借助规律性的肢体锻炼实现对全身筋、脉、骨、皮、肉和五脏六腑等的调理，确保全身蕴含神、意、气，使八段锦可充分发挥各招各式的应有成效。由此可见，以形入道可引导我们快速进入练习境界中，进而帮助练习者逐渐体悟练功窍要，而这也是八段锦能流传千古、广受欢迎的原因。

八段锦形体练习分动、静两种，其中，静态形体训练在前文已经详细介绍过了，在此不再赘述。而动态形体训练是在静态形体训练的基础上，确保练习者在完全掌握功法动作的方法、规格和要领的前提下，不仅要完全消除不利于人体气血流通的错误姿势，还要进一步修炼形神兼备、以意领气、融会贯通的佳境。这就要求我们在静态形体训练的过程中，要针对基本身型、手型和步型进行反复练习，首先做到动作规范，才能为动态形体的训练打下良好的基础。动态形体训练要练的是功法内在的劲力、韵味和精气神，这往往依赖于前期的站桩等基本功的有效练习。动态形体训练以“先方后圆”为宗旨，其中的“方”指的是动作有起止点、方位角度、路线、造型方面的要求，在运动过程中，我们要抻筋拔骨、动贯梢节，以促进五脏六腑的相对运动，加强筋、膜、骨、血、肉的锻炼，从而疏通全身经络、强身健体、安神定志。“圆”指的是练习者在练习时要保证每个动作的路线是圆的，四肢在转动时其角度也是圆的，即便动作本身是直线或有棱角的，也要力求做到直中求曲、外方内圆。“圆”的动作连绵不断，如行云流水，虚实分明、上下相随、节节贯穿、劲力顺达、动中求静、意气相随、一气呵成，减少动作幅度大对血管的压迫，收敛气机、养护心神，从而达到形神俱妙之效。

勤于体悟

八段锦虽然动作简单易记，但要想实现完全融会贯通，达到形神合一的境界却是非常不容易的，在这个过程中，练习体悟是“法宝”。这种生命状态的形成不是一蹴而就的，而是需要经过长时间的实践，尤其要做到心脑并用、以身感之、用心悟之，一点一滴地积累才能实现。有关研究表明，练习者的练习水平越高，其脑细胞活动的有序化程度也会随之增高。“光说不练假把式”，只有在持之以恒的练习后，我们才能拥有不会轻易丢弃的“真功夫”。我们要在确保八段锦动作合规的前提下，适当增加练习时间，持之以恒，从而可以量变引发质变，逐渐锻炼出良好的身体素质。练习八段锦要固本培元，调身、调息、调心为一体，遵循人体成长和发展的客观规律，不超前练功，循序渐进，遵守练功原则及功法技术和理论方法。

体悟八段锦就是在勤学多练中进行深思多悟。只有勤学多练才能为深思多悟提供充分的实践经验，这是因为勤学多练的目的是习得八段锦的动作规格，而深思多悟是自己在长期的练习过程中总结提炼而来的技巧，这些技巧是因人而异的。八段锦练习者应在体悟各式动作的规格、要领后逐渐感受功法中形、气、神融合的不同层次，并结合歌诀意想这些动作给人带来的身心变化及其蕴含的健身效果等。因此，要想在八段锦的练习上取得成就，需要我们付出大量的时间和精力，而境界和动作的融合是永无止境的，需要我们多加思考。八段锦各项功夫有各自的道理，各层境界有各自的意味，耳听为虚，只有练习才能带给我们真实的体验。需要指出的是，每个个体在针对某一项招式展开体悟时，会因自身的学识、经历、环境等产生与他人不同的感受，每个人的体悟也会大相径庭。所以我们必须时刻坚持正念、正见，以强身健体、祛病延年作为自身练习八段锦的主要目的，而不是标新立异、哗众取宠。

摸索火候

练功能否取得成就，关键在于对火候的把握是否得当。常言道："圣人传功不传火，古来火候少人知。"火候指的是练习者在练功时姿势、呼吸、意念及练功时间等方面的程度。就像做饭一样，练功不能盲目进行，要把握适当的火候。火候不到，既不能有效地练习相应的动作，也不能提升练习者的境界；火候太过，会严重影响人的身体健康，轻则出现疲乏、胸闷、头痛、脑胀等症状，重则影响人的心神。事实上，火候的把握要因人而异，因为每个人的身心状况、练功的时间和层次等存在差异，所以火候成为决定行功者取得成效快慢的决定性因素。尽管前人没有对火候这一概念进行系统的阐释，但"圣人之道，中庸而已。中庸之道，顺其自然而已"的说法可供我们参考，这意味着我们的火候要讲究"中庸"之道，要顺其自然。只有顺其自然才能估测出这个火候的度，这是一个定性的指标，无法量化，只有练习者真正了解了自己的生理节奏和生命规律，才能在将来的练习中精微地把握好自己的练功"火候"。

具体而言，八段锦的练功火候主要与练习者练功中对形、气、神等的运用有关，总的原则就是要适度。首先，就练功姿势而言，练习者要根据自身的具体情况，尽量做到动作规范，并在确保舒适自然的前提下对动作进行微调，从而起到祛病强身的作用。如果动作暂时无法做到合规，也可以等到自身的动作熟练度提高后再要求做到标准状态。对高难度动作而言，我们应该量力而行，降低标准，不要盲目求快。例如，

“马步”在八段锦中的出现频率较高，其姿势的高低要练习者结合自己对自身腿部力量的控制程度而进行取舍。在“双手攀足固肾腰”中，高血压患者、冠心病患者、年老体弱者在做俯身攀足的动作时角度不应超过 90° 。其次，就呼吸方式而言，一般以自然呼吸方式为好，除非特殊需要，否则我们就绝不能强呼硬吸、强领硬闭。在适应了相应的呼吸方式后，我们的呼吸自然会变得柔和、细缓、均匀、深长，最终可以养成运用腹式呼吸方式呼吸的习惯。再次，就意念运用而言，八段锦要求练习者达到“不可用心守，不可无意求，用意着相，无意落空，似守非守，绵绵若存”的境界，虽然运动时需要意念的干涉，但用意过紧也是不可取的，要避免出现意守强度过大的问题。所以在练习八段锦时我们要重视形体锻炼，虽然在入门阶段时练习者可能不会采用要求的呼吸方式，也做不到用意念关注身体发力，但这些都是暂时的，只要练习者持之以恒，就可以在长期的练习过程中融形、气、神三者为一体。此外，要想准确把握八段锦的练功火候，我们还需要关注自身的练功频次和负荷。

总而言之，八段锦的练功火候是学练者在完全了解自身健康状况和练功进度的前提下逐步得到确定的，对火候的把握应遵循“以养为要，以不伤为本”的原则，同时不能过度劳累，锻炼要适量。

涵养身心

虽然每个人练习八段锦的目的、层次等存在差异，但想要取得更高的成就，光靠形体运动、调整呼吸和运用意念是远远不够的，最重要的是修养心性。这既是练功的基础和保证，也是提升境界的不二法门。所谓“炼己筑基”说的就是练习者要修炼自己的心性。古人认为，只有使自身的心性达到“心逐感以用交，则炼之以不思”的境界，才是“无为而治”的最佳体现。尽管八段锦强调对形体的锻炼，但对心性的修养也同样重视。练功的理论阐释中虽然将练形、练气、练意做了一定的区分，但事实上，三者是有机的整体，不能截然分开，八段锦强调练形只是把意气统一于形，但在实际练功过程中神意仍处于统帅全身的地位。意念的运用在本功法中有着举足轻重的作用，虽然学练者可凭借自我意识、坚持正念正见而保证对生命的合理调控，但人在内外环境信息的相互作用下可能会产生不良的意识冲动，从而影响人的“情志”，导致体内气血循行失常，影响人的行为表现。

道德涵养不仅体现在我们练习八段锦的一招一式中，也体现在我们练习八段锦时的境界提升上。我们大多数人学练八段锦时往往对功法有浓厚的兴趣和高度的重视，对心性的修养反而容易忽略。常言道:“功从德上来，德为功之母。”我们在八段锦的操练过程中要做到“德”“功”兼备，以意领气，增强神、意对形和气的控制能力，提升学练者的练习效率。道德涵养要求练习者即使在外界的严重干扰下也要保持自己意识活动的独立性，从而可增强自身对自我意识的控制。当下的工作、生活节奏在不断加快，练功时间总是有限的，我们只有加强自身的道德涵养，才能使精神保持宁静而不浮躁，实现意气中和。这样，行功就不会滞于术，而是逐渐达于道。那么我们究竟应该如何涵养道德？

第一，练习者要增强自觉，纠正错误观念，加强对道德涵养的重视。我们需要认识到这样一个道理，那就是不注意心性修养、道德涵养的练习者，即便动作招式再规范，也不算真功夫，我们要有勇于面对社会生活中各式各样矛盾的韧性和耐心。

第二，练习者要做到依理践行、以事炼心。我们在日常活动中，要不断陶冶性情、砥砺意志，为人善良简朴，为学勤奋刻苦，处世公平讲理，维持正念正见，从而有效促进身心健康，保持身心愉悦。

第三，练习者要反省内观，觉照自身，累功积德。人生如逆旅，在漫漫人生路上道德涵养就显得更加重要了，我们要时刻铭记道德涵养的理念，做到“泰山崩于前而色不变，麋鹿兴于左而目不瞬”，在面临重大人生考验时控制好自己的情绪，对于人生有合理的认识，不应抱有不切实际的妄念，这样才能不断超越自我、改革观念，确保心理健康和身体“阴平阳秘”的协调，从而全方位确保身体健康。

虚实相生，端庄中正

八段锦身法要领中的纲领是“端庄中正”，它指的是练习者在练习全套动作时要始终保持身体的中正。日常生活中，我们也会注意自己在行走坐卧上是否保持中正之姿。源于生活的八段锦也要求全身保持身桩端正、立身不偏，这样才能确保心肾相交，中气充盈全身关节、肌肉和血液，从而产生奇效。“端庄中正”的要领体现了不偏不倚、过犹不及的中庸之道，这一要领不仅体现在定势、静态时，也体现在行功的过程中，同时要进行灵活处理，结合具体的动作实现身位于正时亦正、于斜时亦正的状态。例如，在“双手攀足固肾腰”中，我们需要俯身攀足，尽管我们全身经腰发生了折叠，但中气贯穿脊柱及其周围的肌肉、关节、血液和神经中，在全身均匀分布着，所以身体仍能保持端庄中正的体位。此时，周身内外一气流转，动作操练一气呵成，如行云流水。事实上，端庄中正的身位是诸多要领综合运用和完美落实的结果，在这个过程中，我们要保持头顶上悬和尾闾中正。只有调正尾闾的位置后才能确保脊椎呈直线状，虚顶领劲，后顶牵拉，使脊柱上下贯通，精神高度集中，从而实现中正端庄的姿态。练习八段锦，不论站桩、行功还是收势，都要做到不偏不倚、一气长存，这些都需要我们在练习时做到持之以恒、反复锤炼。

八段锦行功操练须燮理阴阳、虚实分明、松紧有度、动静结合。中医认为，虚实无时不有、无处不在，虚实会相互渗透、相互转化。八段锦的动作有虚实之分，手分虚实，脚分虚实，周身上下、四肢百骸运转时无处不分虚实，没有这样的意识，我们就无法取得进步。具体而言，“摇头摆尾去心火”一式以全身重心所在部位为实，以偏离身体重心所在部位为虚，这说明重心变化也是分虚实的。同理，扎马步时身体重心所在腿为实，重心不在腿为虚。就身体整体而言，一般上肢为虚，下肢为实。在“双手托天理三焦”一式中，我们举手上托时以腿为实，以臂为虚。就用力力度而言，力大者为实，力小或不用力者为虚。在“攒拳怒目增气力”一式中，我们以出拳手为实，以腰间拳为虚；在“调理脾胃须单举”一式中，我们以上举掌为实，以胯旁之掌为虚。就定势和各势之间的动作衔接方式而言，我们以 8 个定势动作为实，以衔接动作为虚。就意念运用而言，意念关注之处为实，意念未关注之处为虚。在“双手攀足固肾腰”一式中，我们在挺直上身时意想命门，此时命门所在之处为实，身体其他部位为虚。事实上，虚实是相对的，虚不代表身体某部位全无力量或意无所关注；实也不代表发力得到全部落实或意无关注，避免“实时全实，虚时全虚”的有力举措是将重心均匀分布在双脚，并确保意念的干预。在“双手托天理三焦”一式中，我们会全神贯注于双手上，双手上托为实，与本身保持不动的下肢相对，下肢为虚。总之，八段锦动作虚中有实，实中有虚，只有臻于平衡才能取得成效。这样不仅可提升动作的灵活性，使身体各部位张弛有度、耐久不疲，还可疏通经络、调节气血，促进气机的通透流动。值得一提的是，形体的虚实、意念的虚实和气机的虚实三者相互影响，会产生一定的交互作用，从而需要练习者在平时的练习过程中细心体察形体、气机和神意的虚实变化，领悟其中的奥妙。

以腰为轴，协调四肢

古人以“刻刻留心在腰间”作为练功的要领之一。腰为肾之腑，是先天之本，主骨生髓，同时腰是胯上胁下的连接部分，两肾位于此部分，后背有命门这一关键穴位，中有脊柱，两侧有骨盆，下面是丹田——气之归所。腰不仅是一身之主宰，上下身信息沟通之枢纽，也是身体左右旋转的中轴，其连接着整个脊柱，如果腰出现断裂问题，那么整个脊背也会受到重大影响。中医认为，腰为肾之外府，而肾中藏有元阴、元阳，可化生阳气，其注于气海后可以滋补全身。我们在运动过程中，主要依靠腰部发力，所以它直接影响着人体各种技能型身体运动的质量，作为人体动作运动链的基本部位，这里分布着大量的神经，从而确保人体能准确完成各种反射性和随意性肢体动作，而腰部的骨骼、肌肉的解剖结构和功能都会对人体产生支撑、保护和稳定的作用。如果能增强骨骼、肌肉、韧带等的力量，我们的腰部也会得到一定程度的改善，所以从古至今，任何一个体育爱好者都无比重视腰部的健康。

八段锦虽以肢体导引为主，但没有忽视腰部在运动中的作用。在具体的练习过程中，练习者首先要做到确保腰部放松的状态，在腰部放松的情况下，腰椎及其韧带和腰两侧肌肉等都会随之放松，顺从腰部的自然弯曲状态，直到保持伸直状态。为了达到这种状态，我们需要注意保持头顶悬、尾闾上下牵拉的发力方式，从而使腰部自然伸直，而不是硬挺后凸。只有这样，我们才能在左旋右转、上下起伏运动时确保腰脊能竖直中正，从而实现中轴不弯、枢纽灵活。八段锦采用此法训练腰部肌肉、关节力量，不仅能改善肾功能，固本培元、协调气机，从而在气沉丹田的运功方法下确保上体气不上浮，下盘稳固有力，还能使气血畅通，发挥腰主宰一身活动的职能，最终达到力发于足、主宰于腰、行于四肢的状态。如果不重视腰部在练习中的作用，不仅会损害丹田所蓄之气，降低命门之火对水液的蒸腾作用，还会使浮阳上腾于面，阴阳失调，虚阳上越。此外，练习时我们要以腰为支点，手足随腰而动。古人将腰比作"纛""将帅"，视手足为"旗""兵卒"，我们的四肢只有在腰的带动下，才能发出牵动全身之力来。但需要注意的是，练功虽强调以腰为主导，但练功时切不可任意为之，随意扭转，而要松腰沉胯，在此基础上要求四肢灵活配合。

神形合一，形动气随

“精气神无形之物也，筋骨肉有形之身也……所以有形之身必得无形之气相依而不相违，乃成不坏之体。”由此可见，练习者要紧紧围绕形、气、神三者的协调配合这一原则开展锻炼，这是发挥八段锦功效的根本。这就是“神注形中，气随形动”要领的依据，其中，“神”指的是神意、意念，“形”代表动作、形体，“气”指的是全身气机。

古人认为，练功的“全身意在精神”，也就是说练功的最终目标是让自己的精神面貌发生良好的变化。而那些不关注精神的修养，只强调动作规格、方法的做法，只是徒有其表的空架子。所以练习者在练习八段锦的过程中，要时刻谨记保持形与神俱、形体不蔽、精神不散的状态，这样才能确保八段锦的练习功效。“神注形中”要求练习者遵循这一练习要领，将意念和动作进行有机结合，做到形神同步。形神相合的过程是由外向内、由浅入深的，这不是一蹴而就的，需要经过长期的实践才能实现。初步练习时，练习者要熟记动作并留意身体的整体状态，从而实现换气的奇效，即将自己无意识状态下的动作表现逐渐引入意识领域，养成健身气功特有的内向性意识，这是基本的形神结合状态。练习者在接下来的练习中要逐渐熟记动作和程序，精神也从之前的涣散状态变为专注状态，使自己从感知肢体的局部运动扩展到对全身运动的关注上来，此时，全身运动就是在神与形合的状态下进行的。当功法技术达到自动化后，练习者就可运用意念控制四肢运动，如此神与形的融合就进入了更高的层次中。练习者在这样的状态下继续进行练功，不仅会使意念全部集中在功法动作上，也会用神意体察气机的运行、发展和变化过程。需要注意的是，体察只是静态的观察活动，练习者绝不能存有分别心，只有意念保持肃穆宁静的状态，体察才会细致入微，从而使神与形融为一体，圆通畅达。因为形受神控制，所以神虽与形合，但绝不能因此被形体所束缚，而应确保神意松弛、顺其自然地指挥形体，进而时刻保持精神世界的灵性。

“气随形动”指的是练习者在练功时以形体动作引动人体气机，确保经络之气流通顺畅。人体以脏器为核心，借助经络协调五脏六腑，发动四肢百骸进行运动。人体有十二经脉，它们分别连接着相应的脏腑器官和身体的其他组织，人们在锻炼身体时，全身运动就可牵动相关联的经络，导致气机发达变化，从而增强身体相应部分的功能。八段锦的形体编创设计是全面细致的，动作自上到下、从躯干到四肢乃至梢节都有详细具体的要求，每一式的健身效果与相应经络和穴位的刺激息息相关。因此，练功时引动形体，就足以把相应经络中蕴含的“气”激发出来，使其逐步向身体各部位进行深层渗透。在练习过程中，符合人体生理结构和运动规律的形体运动可调理气血，使其沿着相应的血脉运行周身，而违背人体运动科学规律的形体动作会导致气血阻滞，所以在练习过程中，我们要时刻注意调整身形，确保合乎动作标准。人是形、气、神的三位一体，科学地引动形体，不仅可使原有的气血通道变得更加顺畅，还可促使机体生长出更多的气血通道，减少对神经系统的干扰，使形、气、神在动作进行过程中实现同步，从而优化人体的各项功能。

意满形弛，一以贯之

“形弛意满”是要求练习者在练功过程中要保持形体松弛的状态，也要将意念充满于八段锦中的所有姿势中，这就要求肌肉都必须处于一定的紧张状态中，从而达到练功姿势的基本要求。具体而言，“形弛”指的是练习者在确保练功姿势正确的前提下，尽可能地使肌肉、韧带、筋膜、关节、内脏等身体处于相对松弛的状态下，做到紧而不僵、松而不懈、松紧相宜，进而使整个身体处在一种舒展开放的状态中。古人认为练习八段锦时要想做到真正的形体放松，就不能只在形体上下功夫，还要讲究精神上的放松状态。形体的放松以精神的放松为前提，而人在精神紧张的状态下想要做到形体的放松是不可能的。“意满”，首先要求练习者让意念关注到需要放松的形体部位上，进而观想全身，渐达于外。意满与意守虽仅有一字之差，但意守往往针对的是形体本身，而意满则要求练习者用意念引导身体相关部位达到放松状态后从内观想，充实全身以贯之。当练习者的意念充满于形体之时，须保证气也随之充盈形体。形体放松后可有效减少肌肉收缩对气血流行产生的阻力，帮助气血周流全身，进而达到收摄心神、心平气和、安神定志之效。意满形体，有利于神内透于形而不外溢，气随意注于内，从而强化组织质液的濡养功能，充分发挥形体的各项功能。总而言之，形松与意满二者相辅相成、缺一不可。如果形松而意缺，那么就会出现身体松垮、气血空虚的问题，运动时也会流于操练动作这一简单的要求上来；意满而形紧，就会导致动作僵硬、肌肉紧张，进而形成神难入形、气难充盈周身的局面。唯有练习者在练功过程中做到形松意满，才能收到心安神静、意满气足、气机和畅的效果。

八段锦练习者必须做到“内外同步”，促使身心达到天人合一的状态。内外同步主要包括身心合一、天人合一两种境界。第一，就身心合一而言，“内”主要是指心、神、意、气等人体内在的情志活动和气息的运行情况，“外”主要指的是练习者在手、眼、身法、步等方面的外在形体活动。其中，外合要求手与足合、肘与膝合、肩与胯合，着重强调手足、肘膝、肩胯之间的相互对应和协调配合。内合要求神与意合、意与气合、气与力合，这是八段锦内功的前提和境界要求。人的外显动作受大脑思维和意识活动的控制和支配，只有在自身内在的神、意、气合为一体的情况下，自身的形体动作才能做到敏捷灵活、自然活泼。与此同时，逐步规范外部形体动作，有助于练习者内在神、意、气三因素的深度融合。因此，内外环境是相互影响、彼此联系的，外合取决于内合，而内合也依赖于外合。要求达到身心内外合一的状态，就是要求练习者在周身六合的基础上，锻炼皮肉筋脉骨、五脏六腑，使其与心神意气实现有机融合。第二，就天人合一的境界而言，它并不是纸上谈兵的理论说教，是对某种状态的准确描述和高度概括。此境界概念中的“人”，指的就是练习者；而“天”代表着大自然这一外部环境。练习者练功时要让自己的意念贯注于身体之外的大自然中，通过静观觉照自身的躯体运动，使练习者在持之以恒的训练中逐渐进入神人气中、气包神外、天地与我为一、万物与我相应的高超境界。在“内外合一”这一练习要领的指导下，练习者在练功过程中需认真研究松、透、充三字的内涵。神意满透形体，形体松通舒展，此时全身气血自然能够畅行周身，从而做到内外相连、上下相和、左右相应，久而久之，练习者的身心自然就能做到内外合一。而当神气充盈形体后，练习者对外界的感知能力自然会得到提升，这意味着意念也随之增强了，它可逐渐与外界环境发生相互作用，从而与自然之气相合，反过来又可以强化人体之气，从而使人体整体气机达到平衡状态。

动中有静，静中有动

古人认为“天地之间，只有动静两端”，传统气功理论认为“无极而生，动静之机，阴阳之母，动之则分，静之则合”。中国哲学认为天地运行的规律是动与静的辩证统一，动阳、静阴、动开、静合。八段锦的动作设计意在动中求静，同时要求练习者学会静待其动。练习功法时要做到“身动心静”，换言之，外在形体的运动要严格依照功法规范进行，而内在的精神活动却以静为贵，静极生动，静能生慧，从而达到“神为主帅，身为驱使”的状态。练习者在练习单纯的外在形体运动时，也要注意学会在连绵不断的气韵中求得静中有动、动中寓静的状态。例如，定势动作中要求做到闭息抻拉，这些动作看似已经中止四肢的运动状态，事实上，此时练习者的身心已做好准备进行下一势，这就是我们希望达到的动而复静、静中有预动的状态。而保持心静，并不是绝对的静，也不是完全不对外界环境做出反应，而是一种相对的静。我们要辩证地看世间万物，物质运动中静是相对的，动是绝对的，练功中虽然有诸多千变万化的意念，但只有定才能实现心静的终极目标。日常依靠站桩筑基练功，事实上是为了练心，属于静功；而对各定势的练习，属于动功练习过程，同样存在着“静中有动，动中有静”的内在规律。所以从任何一个层面来看，八段锦的动作本身就能体现出动静有机结合的意旨。古人强调练功要关注气血的调养，“动静是气也”，在动静结合中调节气机，从而能更好地帮助练习者疏通经络、调和气血，达到平衡阴阳的最佳状态。

练习八段锦要练养结合，光练不养、光养不练都有失偏颇，所谓“一张一弛，文武之道也”说的就是这个道理。而练养结合，主要分为广义和狭义两种。

就狭义层面而言，练养结合是练习者在每次练习具体动作时实现动作的练养结合。练的是形体、呼吸与心理调节机制，确保三者有机结合；养的是状态，练习者通过练习动作，从而使身心出现舒展适意、呼吸顺畅、意守绵绵的滋养身心的状态。例如，在形体运动方面，四肢开展的运动是练，收回合并的运动是养；在动作规格方面，8 个定势是练，间衔各定势动作的站桩是养；在意念运用方面，意想练功姿势是练，每个练功姿势变换之间的刹那停顿，形断而意不断，这就是养，而用意强时是为练，用意弱时则为养；在呼吸方式方面，动作和呼吸配合。每次练功过程中的练与养，两者虽有区别，但也具有同一性。例如，做 8 个定势时，以开、展运动为主，这些动作的幅度较大、节奏较快，而呼吸方式上却往往要求闭息，所以从呼吸方式的角度看，闭息这一动作又有养的意旨，所以八段锦是练中有养、养中带练的，可见练养两者是相互依存的。总体来讲，八段锦的目的是强身健体，所以要求以通为养，“通”代表气血流通，由此练习者在安排练习的时间、频率、强度，以及在对呼吸、意念的运用方面都不应盲目增加训练量，应以实现身心的舒适为佳。实践证明，练功中若能有效实现练养的有机结合，练习者的行功境界就会逐步深入，从而有利于向更高层次的境界发展。

就广义层面而言，练养结合是指练习者练功与生活的有机结合。练习者不仅要刻苦练功，加强锻炼，还要关注自我的生活调养，尤其是要建立起饮食有节、起居有常、不妄作劳的规律生活状态，从而帮助练习者保持精力旺盛的良好状态，进而增强八段锦的调养功效。

第五章 八段锦的练习与规律

八段锦锻炼初始时，以筋、骨、皮、肉的锻炼为主，之后逐渐将练习重点变为对精、气、意、神的深化上。在这个转变的过程中，虽然各有奥妙和旨趣，但从根本上讲，这是一个由量变到质变的过程。由于前后各环节之间会相互渗透而不能进行绝对的区分，加之每位练习者的文化底蕴、健康水平、用功程度、身心感悟等方面各有不同，导致练习者的练习进度存在显著差异。为便于大家掌握八段锦的练功规律，本章将对练功的4个阶段进行详细阐述。

勤学苦练奠基础

虽然八段锦要求练习者进行形、气、神三位一体的综合锻炼，做到神与形合、气随形动，但在起始阶段我们必须先打好基础，从塑形开始，随着对动作熟练程度的加深后再追求形神意气的融合。如果练功者的姿势不标准，练习者的形体塑造达不到规格，之后就难以体悟练功的要领，那么要求形、神、意、气的合一也是徒劳。所以初学者应着力加强对身型、手型、步型、站桩等基本内容的练习，认真对待功法动作和运行路线等的识记和训练，可暂时放松对呼吸、意念等的要求，顺其自然即可，这已经是采用自然呼吸的方式进行的训练了。此阶段练功应确保外在的形体动作是横平竖直、有棱有角、方向正确、路线清晰、动作规范的，从而使练习者做到式式合章法、拳拳落到位，切忌急于求成、态度不端。在练功初始阶段，练习者还没有形成肌肉记忆，也缺乏相应的身体素质作为支撑。此时，虽然感受器接收刺激后会将其传入大脑皮层，但因大脑皮质中的兴奋与抑制呈现扩散状态，大脑抑制机制尚未形成，从而导致练习者的肌肉僵硬、手脚配合不力、技术粗糙。因此，初学要慢，在缓慢的过程中静心记忆和体会功法动作，并逐渐熟练，最终形成规范的动作。这种练功方法看似进度缓慢、有束缚感，但能为今后练习整套功法打下良好的基础。常言道：“学拳容易改拳难。”那些在初始阶段练功急于求全的人，往往本末倒置，影响了自身的长远发展。

抻筋拔骨也是练功初始阶段的一个要求，可帮助练习者明确动作的规范操作，从而帮助练习者更好地实现气血运行通畅，尽快取得较好的健身效果。抻筋拔骨是在修功过程中，通过相对静止的桩功状态，利用内视与气血的调动来使筋膨胀、骨撑起。而肌肤骨节处处开张时，才是人体得到最大限度运动的状态。因此，练功过程中有意识地拉拔筋骨，就会对全身筋骨皮脉肉等进行刺激，有利于提升练功塑形、引气的效果。拔骨是靠抻筋完成的，因为骨头通过韧带得到连接，韧带拔长后骨节就会随之发生变化。例如，“双手托天理三焦”一式中，练习者双掌上托时，要上领后顶、手掌用力上托、脚趾尽力抓地、松腰沉胯，从而使身体形成上拉下拔的状态。需要注意的是，不同的动作有不同的抻筋拔骨方法，需要练习者结合自己的练功实际加以调整并细心体会。总而言之，我们不仅要拉长自身肌肉、韧带，还不能损伤肌肉、韧带自身的韧性，尽管抻拉时要求要产生微微的痛感，但绝不能超越自身肌肉、韧带的承受力。实践证明，练功初始阶段注重抻筋拔骨，既能提高练功质量、增强锻炼效果，还可为练习者后续功法技术的提高奠定基础。

增长知识提水平

任何功法都有自己独特的动作规格。初学者要想在初步感知功法、记忆动作的基础上，不断提升层次和境界，需要明确相应的动作规范。这包括练习要领和熟练技法两部分。练习者在该阶段进行练功的首要目标应是掌握好练习要领，即练习者要严格按照练习要领深入体悟每一动作是否合规，也可单独以一个典型姿势反复练习，从而专门体会其中要领。在练习中，要始终谨记身体要时刻保持在中正的体位上，做到动作虚实分明，以腰为轴，发力适宜、节节贯穿，形体放松，精神集中，动作协调。一旦出现不合练习要领之处，应立即进行纠正。练习者只有刻刻留心、时时留意，做到有的放矢，经过大量的反复锤炼后，才能做到招招合规的练功要求。此阶段练功仍要遵循初始阶段的相关要求，即练功节奏慢而不快，反复磨炼、仔细揣摩，才能有所启发，练出成效。同时，此阶段还要熟练掌握技法。技法是练功技术与方法实现融合后的产物，代表练习者已经进入了高层次的实践状态。八段锦的技法包括身心运动、功法姿势、演练气韵三部分。要想掌握练习要领，就要在基本掌握身心运动和功法姿势的基础上，关注对演练气韵的提升。气韵主要是指功法中蕴含的特点、风格、意境、韵味等，就其本质而言，气韵要求练习者妥善处理身心、形意、气形、呼吸、松紧、动静、上下、内外、升降、虚实、养练等的关系，同时要对节奏、虚实、刚柔、形神、劲力等进行有效把握和展现。从这里我们不难看出，气韵的发展过程是由内而外、从形到神、由力度转变为动律的。在此阶段，练习者仍然要结合实践反复揣摩、体悟各项动作，同时借助各种途径加深对中国传统文化内涵的理解和感悟，才能逐渐感受到形、神、意、气运用和配合的奥妙，以及本功法的特点、风格、内涵和意境之美。

值得一提的是，该阶段的呼吸方式应结合典型动作进行体悟，遵循起吸落呼、开吸合呼的规律开展专门练习，随后再进行有意识的动作练习，从而逐渐养成细、匀、深、长的腹式呼吸习惯。该阶段的意念运用方式已发生了完全的改变，在前几个阶段中，练习者只是单纯注意形体动作，发展到本阶段就需要我们细致深入地体察动作与呼吸的协调配合。在长期的练功训练下，练习者在此阶段的大脑皮质的活动会在时间与空间上趋向集中与协调，而对僵硬、多余动作的分化抑制更强，不仅能够纠正、消除前几个阶段中遗留下来的诸多错误动作，还能使练习者在功法技术的运用上表现得更连贯、协调、规范。然而，新建立的功法技术的条件反射还不稳定，如果在练习过程中出现了新的刺激，练习者就会立刻出错，甚至会使已经建立起来的技术消失得无影无踪。此阶段强调反复实践体悟，练习者只有不断掌握、强化正确的练习要领和技术方法，才能确保形、神、意、气合一，融会贯通，一气呵成，才能使练习者在无意之中合乎练功要求，展现功法特点、风格和意境，进而持续提升练习者的身心境界。

形神兼备陶情操

古人普遍认为，人的形、神是生命构成的重要因素。常言道:“形恃神以立，神须形以存。”由此可见，形与神是缺一不可、互根互用的。八段锦以形体活动为基础，强调“人之运动，以意为始，以形为终”，希望通过形体运动提升练习者控制自身意念的能力。从形神合一的角度自行审查练功层次的进阶情况，八段锦练习者的练习境界会经历由外在“形练”逐渐转向内在“神练”的过程，练习者会从以观察外在肢体形象为主逐渐转向以关注内在心灵体验为主的转变过程。事实上，随着练习者练功层次的逐渐提升，其精神境界和物质形体的不断改变也是自然。到了该练功阶段，人体内部气机通达且气血运转极为有序、协调，神、意在气的充分供养下，充分发挥出“意为气之帅”的作用。该阶段人体之气得到强化，气的周身运转效率得到提高，进而帮助形与神获得更加紧密的融合，达到意念专一，呼吸自然，动作轻灵、气韵含蓄、运转自如的境界，做到意动形随、气贯形中、气到劲到、势随神移。要想达到这种形、气、神的运动状态，练习者就要长期坚持练功，实现功法技术定型。我们要在日常练功中坚持形中寓神、神中合形、神形兼备的要领，日积月累，自然就能做到“外忘其形而成其形，内不知其神而达其神”了。

行功到形神俱佳阶段时，练习者对练习要领和气韵的体悟已有所成就，自身在上阶段建立的新运动条件反射也已经非常稳固了，也拥有了顺应周围情况的变化而自动调整动作的能力，从而能顺利完成整套功法的操练，此时，我们就认为练习者已进入自动有序阶段。这个阶段的具体表现为练习者的功法练习动作已经全部自动化，其特点是柔和缓慢、虚实相生、体态安详。练习者以气运身，实现人在气中、气在人中，周身一气、浑然一体，确保意念恬淡虚无，识神退位元神主事，三调融为一体。这样，练习者经过以外导内转入以内导外的过程后，身心高度和谐，人与自然得以交融，从而进入了“天人合一”的境界。

当功法练习达到自动化阶段时，练习者的练功境界也得到了提升，此时功法的操作技能也会有所提高。而练习者欲保持这一自动有序的高水平功法操练技能，仍需要持之以恒地练功。尤其需要注意的是，尽管此阶段建立的功法技术已经定型，但还是由脑的较低中枢对功法进行控制，当功法技术受到外界刺激而引发少许变动，很可能会一时大意而忘记，等发现问题时，变质的功法技术可能会因练习者的多次重复练习而成为习惯。

综上所述，即使练习者的练功状态已经达到自动有序阶段，仍应时刻关注自身功法操练的准确性，从而确保自身精益求精，更上一层楼。

中庸为上治好家

八段锦有祛病强身之效，以修心养性为要旨，追求身心境界的不断提升。这就要求练习者做到守中致和、融入生活。“喜怒哀乐之未发谓之中；发而皆中节谓之和。”由此可见，“中”是指人将喜怒哀乐蕴藏于心中而不表现的状态，当其被表现出来时人却能对其进行控制则被称为“和”。中以稳定天下，和以为人处世。古人认为凡事都要适度，我们要在变化中追求不偏不倚、和谐自然的人生境界。无论是修身养性还是治理天下，都必须遵循“中和”之道。练习八段锦的第一要领是立身中正，其貌似在强调练习者要保持身形的中正状态，实质上是要求练习者把握形神、意气、阴阳、虚实、动静、松紧、内外、练养等的中和状态的原则。之所以在此阶段才强调守中致和、融入生活，并不意味着在之前的练功阶段中不需要遵循这项原则，而是练习者只有经过了前几个阶段的练功积累后，其自身意念对形、气的支配作用才能有所加强，而到了该练功阶段，练习者更需排除各种因素对“神”的干扰，从而达到增强意识的自我调控能力的目的，才能维持人体生命稳态，实现自身练功境界由术而道的跃升。

在此阶段，练习八段锦尤其要做好两点，一是守中制外，二是制外养中。第一，守中制外要求练习者通过加强功法练习，逐步优化由形、气、神三者构成的人体生命稳态，尤其要注意自身要通过排除各种干扰、杂念，充分发挥自身神意的统帅作用，调节形神、平衡阴阳，实现人与自然的和谐统一。虽然练功目的是促进练习者的身心健康，然而优化的生命稳态同样对练习者保持中和之性、健康向上的精神面貌大有裨益，它在建设和谐人际关系、促进自身积极融于社会和生活方面也有助力。第二，制外养中是指练习者在日常生活中的琐碎小事中不断磨炼自己，修养自身心性，从而提升对自我意识的调控能力，进而达到强化功法锻炼的效果。人是社会性动物，脱离社会的练功，难以取得真正的成效。实践证明，练习者在日常生活中注重修心养性、以德为重，有利于恰当地处理好各种人际关系，既能时刻保持中和之性，还有利于形、气、神三位一体生命稳态的优化。练功至此阶段，练习者唯有做到守中制外、制外养中，并达到一定水平后，才能在之前的练功基础上追求更高的层次。如果练习者只重视功法锻炼而不加强自身修养，或只注重日常修养而忽视功法锻炼，都很难达到练功的整体效果。

练功不盲目

八段锦练习者的练功不是无意识的、盲目的，是自觉的、有目的的。换言之，练习者进行练功之前，自身就已经在头脑中有了对功法的某种预期和设想。练习者为了使自己的身心发生预期变化，收到自己想要的效果，变得身体健康、心情愉悦，这就是我们所说的练功目的。八段锦作为一种独特的功法，可帮助练习者达到祛病强身的目的，既要实现练习者的身体健康，还要实现心理健康的目的，不仅要“治未病”、促进康复保健，还要护养生命、开发智慧、延缓衰老，同时能让练习者深刻领悟中华传统文化的内涵，促进道德修养的陶冶，使练习者领悟人生的真谛，进而提升自身的人生价值。

尽管不同人群在不同时期所树立的练功目的存在显著差异，然而，要想实现既定的练功目标，还需要练习者充满信心、下定决心和坚定恒心。实践表明，人的心理活动与生理活动会产生交互作用，二者相辅相成，互相影响。所以要想取得练习的预想结果，我们更要关注对自身意念调控功能的训练，拥有相对科学的锻炼思想。八段锦是经人民群众长期实践和严格科学测试验证的功法，练习者如果能按照功法的要求加强锻炼，就能收到良好的练功效果。练习者如果能够坚定信心，在长期的刻苦锻炼中，就会变得更加健康，在面对练功过程中遇到的困难和障碍时，练习者如果能迎难而上，不屈不挠、持之以恒地练功，从而充分发挥自身精神统率周身的作用，可取得更加理想的练功效果。

练功要渐进

我们应该选择和创设地势平坦、环境安静、空气新鲜、避免风口、温湿度适宜和安全的地方作为练功场地，这样不仅可有效降低新异动因的刺激，还有利于练习者的肢体活动、呼吸调整，从而达到调心入静的目的。那些环境嘈杂、空气污染严重、温度不在人的正常接受范围、极其潮湿的地方，都会给练习者的身心带来强烈不适，从而影响练习者的正常练习。由此可见，练习者应尽量选择适宜的外部环境。除此之外，练习者还应在练功中做到心无杂念，这样才能最大限度地消除外在环境对自身的影响。但如果遇雷电、大雨、大风、大雾等恶劣天气时，还是应该停止练功，待天晴之后再进行。

练功前准备要充分。第一，练习者的练功服要宽松合体、冷暖适宜，宜选用运动鞋或平底布鞋，练功前练习者要排净大、小便，这样有利全身气机运行，促进肌肉放松，使肢体活动不受制约。第二，练习者在练功前半小时里应停止较剧烈的脑力活动或体力劳动，以安定宁静、喜悦愉快的心境准备练功。第三，练习前宜饮用适量温开水，这样有助于周身气血运行，需要注意的是，不宜喝咖啡、浓茶等易使人兴奋的饮料。第四，练习者处在过饱、过饥、醉酒、过度疲劳、情绪不稳定的状态时不宜练功。练习者在正式练功前，要做一些抻拉肌肉、活动关节的热身运动，这样既可预防在后续的练功过程中出现受伤等问题，也可尽快进入练功状态。需要说明的是，患有身心疾病的练习者务必遵从医嘱，做好自身健康监督、评价和控制工作，以确保练功的安全性。

循序渐进是保证练功取得成效的法宝。就运动量和练功难度而言，均要遵循由简到繁、由少到多、由易到难的练习规律。练习者只有有了锻炼时间和运动量的积累，才能更好地掌握功法，取得成效。需要注意的是，运动量或运动强度并非越大越好，练习者应结合自身实际情况确定合适的运动量和运动强度。练习者由于在年龄、身心素质、内在修养等方面存在显著差异，所以不同练习者在掌握功法进度、承受练功负荷的能力上也不尽相同，因此练习中切忌相互攀比，不要盲目求快而提升学练进度或加大训练难度。

持之以恒是保证练功不断精进的心理要求，“三天打鱼，两天晒网”是万万不可取的。要想在练功方面获得进步，就要保证练功时间和积累运动量。每天坚持练功可以形成稳固的条件反射，维持良好的生命状态，不仅有助于取得较好的练功效果，还可帮助练习者养成健康的生活习惯，磨炼意志，提高练功质量。

态度端正，认真练功，严格按照功法要求学习技术规范和掌握练习要领。八段锦功法中的各种姿势、调息方法和意念运用都有其特定的内涵，这些练习要领也是诸多养生家长期实践的经验总结和高度提炼，练习者对其掌握得越牢固，锻炼取得的效果就越大。练功时练习者应细心体会、反复实践，要严格遵照功法的技术规范和练习要领进行锻炼，还要追求动作的灵活性。在遵循功法要领进行练功时，要善于对技术、要领进行分析和解构，从而可逐个攻克难关。在时间安排上，我们可灵活拆解日常时间，针对单节内容进行强化练习，也可先降低功法技术难度，之后再逐渐达到技术规范要求。总之，练功要紧紧围绕松、静、自然的意旨，遵循人体的正常生理、心理规律，不可超越自己的能力范畴盲目进行锻炼。同时，练习者要不断纠正自己的错误动作，使动作规格符合八段锦正常的练功程度要求。要选择安静开阔的地方进行练功，尽量避免出现在嘈杂的环境中。因为练习者一旦受到意外惊吓，就会扰动心神，影响练习进度。在这种情况下，练习者不要陷入紧张和恐惧的状态中，可先暂停练功，找出原因并解决问题后，使情绪维持在安定舒适的状态下，再开始专心练功。

练习者要高度重视练功的起势、收势环节。起势、收势看似简单，实则对于提升练功质量有着非常重要的作用，所以不能草草了之。在正式练功的初始阶段，起势可帮助练习者从日常生活状态逐渐过渡到练功状态，也可调整形、气、神，使之符合练功要求。练习者做好起势可快速进入凝神静气、形松意满的练功境界。收势也有利于调和全身气血，使其从练气转为养气，最终引气归田，强身健体，还可使练习者的身体从练功状态逐渐恢复到正常状态。练功全过程如同农民在田里进行辛勤的耕作，收功则如同秋收时的颗粒归仓。如果练习者忽略收功或草率收功，那么运转周身的气血就不能归元，长期进行下去必会造成练习者的元气亏损，这样既有损强身健体的效果，还会给身心健康造成负担。行功结束时，练习者可依据自身实际情况，开展搓手、浴面等整理运动收尾，切忌做完定势后坐卧不动、参加其他剧烈活动和进行冷水洗浴等情况发生。

尊师贵道是追求更高功法境界的钥匙。尊师就是指尊敬教学功法的师长，重视老师对练功者的教导。在练功进步的过程中，既有传授动作规格、技术、要领的老师，也有和自己共同参加训练、共同进步的同仁，这些都是自己的老师。我们要向功法练习成绩优异的同学学习，见到功法练习出现障碍的同学要警惕自己不能犯同样的错误。练功重在实践、体悟，我们不得不承认个人的实践是有限的，只有平时与老师、同学不断交流心得、探讨问题、总结规律，才能深化认识，做到科学练功。对于能启发自己提升练功效果的观点，即使每个观点的角度不同，我们都应加以重视。尊重别人就是尊重自己，无论是否有老师的身份，我们都要把同学视为自己的老师，使自己始终保持一颗恭敬之心，从而有利于保持精神集中、不骄不躁的练功态度。贵道既是指练功要珍惜自己习得的功法技术和要领，认真练习，还要深入理解中华传统文化的科学内涵，增强自己的辨别、分析能力，以防自己被歪理邪说所欺骗。

练功别惊慌

在刚接触八段锦这一功法时，有些练习者往往会在刚开始练功的第二天或者以后几天，出现肌肉酸痛的感觉；有些练习者会在突然加大练功负荷后，出现肌肉酸痛的问题。其实，肌肉酸痛是人体对练功的正常反应，不必过于担心，可继续练功。如果练功的负荷过大就会造成身心过度疲劳等问题，这样反而不利于练功的整体进展。

具体而言，有的练习者可能还会出现手足温热、微微出汗的现象，有的会有心情舒畅、精神愉悦、头脑清醒、全身舒适之感，还有的会出现食欲增加、唾液增多、面色红润有光泽等现象，这些都表明练习者的身心得到改善，是练功的合理、良性反应。在之后的练习过程中，练习者甚至还可能出现热、凉、麻、痒、轻、重、大、小、有蚁行及肌肉跳动等感觉，有些人甚至还会产生幻觉。而这些反应其实都是人体内气机变化的表现，遇到这种情况不要惊慌失措，而应在神意中保持顺其自然的态度。上述反应均是暂时的，会随着练功的持续进行而逐渐消除。但并非所有练习八段锦的人都会出现上述反应，这些反应也不是在任何一次练功时都会出现，更不是一出现反应就会引发各种反应，即使练习者没有出现任何一种练功反应，只要做到安心练功也可取得理想的练功效果。

练习者在练功过程中，如果不遵循功法的技术规范和练习要领进行锻炼，受到急于求成的不合理心态或不良心理暗示等因素的影响，就会使心理、生理产生某些异常变化，从而导致自身感受到各种不同的异样感觉。一旦出现这样的状况，练习者务必对其予以高度重视，并及时采取适当措施加以纠正和弥补。练功时，针对正常、异常的练功反应不能有效辨别，或因练功不当导致旧疾诱发时，练习者首先应暂停练功，随即向有经验的老师报告自身的练习情况和身体反应，共同分析出现的反应，明确练功的不当之处，对练功方法进行相应的调整。必要时，练习者还应及时到医院就医并开展身体检查。倘若旧疾复发，应积极地进行医治，直到疾病痊愈后再开始练习。

练功不无“理”

虽然八段锦功法的肢体动作相对简单，动作数量也不多，但其深厚的练功理论和文化内涵是其他功法望尘莫及的。练习者只有在具备良好的理论素养之后，才能真正领会和掌握其中的奥妙。与一般体育运动相比，功法锻炼的关键是对意念的合理运用。练习者要想取得好的练功效果，就必须强化自身运用内向性意念的能力，不断改善自身生命活动的机能。练习者应加强学习，深度领悟健身气功专项理论，遵照形、气、神三位一体的锻炼规律和特点去思考练习中遇到的问题，从而开展练功实践活动。

八段锦是在古人练功实践的传统上，适应现代人的生活需要编创而成的，所以其理论体系与中华传统文化一脉相承。因此，我们要正确认识功法，绝不能割裂其与传统文化的深厚关系，要深入了解儒、释、道、武、医等各家理论的精髓，利用古代的经典理论指导练习者的练功实践。我们也要认识到，中华传统文化精华与糟粕并存，我们要取其精华，去其糟粕，坚决抛弃封建迷信。同时，练习者还应加强对现代科学的学习，如现代医学、生理学、心理学等方面的知识，这样才能使自己从不同角度提高理论素养，培养自身的现代科学意识，从而充分理解功法内涵，用更加科学的方法指导练功实践。

练功须调养

练习者要养成把练功与生活紧密结合的习惯。加强八段锦练习并非要求练习者彻底放弃其他事务，让练习者整天都在练功，而是要把练功活动与工作、学习、生活进行有机结合。我们可以把功法中的某些内容和个别姿势有机地融入日常生活中。例如，无论是坐在办公桌前等待别人处理事务时，还是在公交站点等公交车时，我们都可以保持立身中正的身型——八段锦中的一个练功要领，在主动调整身形的过程中力求达到“尾闾中正神贯顶”的要求。生活中的很多时间都是碎片化的，所以我们在生活中练功就不能要求动作的完整性，只能就某一动作的某一部分进行锻炼。我们还要在日常生活中随时保持安静稳定的精神状态，这正和练功所强调的修养心性、道德涵养相对应。另外，在日常生活中难免会遇到强烈的刺激而产生较大的情绪波动，此时就需要练习者能很好地控制情绪，从而保证心绪稳定、安神定志，这就是练功向生活的深化，可以说是更高层次的练功境界。

一个人的生活方式决定着自身的健康水平，二者关系密切。练习者要想取得理想的健身效果，固然需要每天坚持锻炼，还要注意在日常生活中调养身心，以形成科学、规律的生活方式。首先，在饮食方面，应少吃刺激性食物，膳食应丰富多样，过饥、过饱、饮食肥腻都是不可取的。练习者进食时不可食用过凉、过热的食物，更要做到戒烟限酒。其次，练习者的日常穿着应以宽松舒适、大方得体为主。练习者要随气候变化增减自身衣物，冬季时要注重保暖，不要硬扛寒冷，徒耗体内的精气神。再次，练习者要保持居住场所的空气新鲜和流通，确保湿度、温度适宜。最后，练习者还要注意节制房事，避免久卧、久坐、久站、久行等过劳行为。

综上所述，练习者可通过调节日常生活中的衣、食、住、行等习惯，保持良好的身心状态，从而不断巩固练习效果。

附录

运动养肾常识

肾脏在人体代谢与内分泌中起着关键作用，而运动则是一种天然且有效的强肾方式。从中医角度来看，肾主藏精，主骨生髓，适当运动能促进气血运行，增强肾脏功能，使得肾精充足、骨骼强健。

练练太极拳有益肾脏健康

太极拳是一项缓慢的运动，练习太极拳不仅有益肾脏健康、促进新陈代谢，还能够帮助人体排毒，对于很多慢性病有较好的治疗效果。

太极拳对肾脏的好处

经常练习太极拳对肾脏的健康有益，肾脏主骨，肝脏主筋，脾胃主肌肉、四肢，人的筋骨如果能够得到伸展，那么就会有延年益寿的功效，练习太极拳就可通过肌肉筋骨的伸展，以达到补肝肾、壮脾胃的效果。

练习太极拳的过程中，会加速肾脏的新陈代谢，加快代谢废物的排出，让肾脏的排泄功能增强，从而更好地保持体内环境的稳定，让肾脏更加强壮。同时练习太极拳还可以增强身体的吸收能力，加强排汗作用，让体内水分和盐分减少，为了保持人体水分和盐分的平衡，肾脏会对这些物质进行重新吸收和利用，从而让肾脏更加活跃。

太极拳的其他益处

练习太极拳需要保持全身动作协调，并且精气神高度集中，可以有效锻炼人的大脑。同时，练习太极拳还可以治疗多种慢性病，对于帮助人们去除亚健康非常有好处。

经常练习太极拳还可以锻炼人体的平衡性、协调性、灵活性、柔韧性，让人身体更加敏捷、轻盈和矫健。中老年人常常练习太极拳还可以防止骨质疏松，有效防止摔伤造成的骨折。

长期练习太极拳还可以帮助人们调节呼吸，改善肺功能，增强抵抗力，同时调节人的生理周期。除此之外，练习太极拳还可以加速葡萄糖的代谢速度，帮助糖尿病患者降低血糖。

太极拳的练习方法

太极拳有很多套路和练习方法，初学者可以从太极拳的基本功练起，掌握一些太极拳的基本动作、练习方法和要领。练习太极拳需要静心用意、呼吸自然、集中精神；身体要保持自然舒适，动作要舒缓流畅；保持动作圆活完整，连贯协调、虚实分明；练习太极拳需要刚柔并济，不浮不躁。

真气运行法，舒筋活络，补肾强身

真气运行法是一种动静相结合的运行功法，其原理是通过调整气息和固养真气，让全身的经络贯通。经常练习真气运行法可以让人体的阴阳得到平衡。真气运行法的核心功法是五步功法，五步功法以《黄帝内经》为理论依据，吸收了“小周天”的练习方法，并且在此基础上重新进行了整理和创新。真气运行法对人体的很多疾病都有防治作用，能够舒筋活络、补肾强身。

真气运行法的补肾作用

真气运行法具有补肾作用，通过调息凝神来培养真气，让人体经络贯通、营养调和，从而达到气血通畅的效果。真气运行法可加速人体的新陈代谢，增强人体大脑皮层的保护作用，让人体内部的潜能得到挖掘，增强免疫功能。真气运行法通过让人体的筋脉疏通和活络，达到让肾精之水能够更加顺畅通行的目的，从而更好地滋养人体的五脏六腑和四肢，以达到补肾强身的效果。

真气运行法对姿势的要求

练习真气运行法的姿势有 4 种，分别是坐姿、卧姿、站姿和行姿。坐姿是真气运行法最主要的练习姿势，坐的姿势包括盘腿和捶腿两种。盘腿坐姿又包括双盘腿、单盘腿和自由盘腿，双盘腿是将左脚放在右大腿上，右脚放在右大腿上，两只手放在小腹前的姿势；单盘腿则只将一边的腿盘起即可；自由盘腿则比较自由，双腿交叉而坐即可。采用卧姿练习真气运行法，可以右侧着床，右腿伸直，左腿弯曲，将右手放在头部枕着，左手放在左胯上面即可。站姿是最为简单和方便的，只需要两脚并立，将左手掌的掌心置于丹田的位置，右手的掌心覆盖在左手的手背上，两肩放松，含胸拔背即可。行姿则要求在行走时眼睛看着前方3～5步的位置，保持均匀呼吸，缓缓行走。

真气运行法对五官的要求

练习真气运行法的过程中也需要五官的配合，首先，口必须保持自然闭合的状态，上下牙齿应该相对，舌头应该上卷约90°，用舌尖轻轻地抵着上腭，当口中有唾液分泌之后，可以将舌头放下来，将唾液吞咽。其次，眼睛要闭目内视，真气运行法练习到什么部位眼睛就内视到什么部位，如果练习时思绪比较混乱，可以稍微睁开眼睛，等待内心平静之后再继续练习。第三，练习真气运行法时耳朵要留意呼吸，呼吸要从容自然、缓慢平稳、没有杂音，这样人的思想可以更加集中。第四，真气运行法应该采用鼻吸鼻呼的方式进行呼吸，呼吸要平稳自然。

真气运行法的练习方法

真气运行法的练习方法分为五步，需要循序渐进地进行练习。

（1）呼吸注意心窝部。

方法　练习真气运行法的第一步应该缩小视野，收回心神，让视线注意一会鼻尖，然后闭目内视心窝的部分，用耳朵仔细聆听自己的呼吸，避免呼吸过于粗糙，意念都集中在心窝的位置，呼吸要从容自然。练习一段时间之后，会感觉真气已经集中在心窝的部分。

时间　分为早、中、晚三次进行练习，每次练习20分钟。每日尽量安排固定的时间进行练习，练习的过程中需要平心静气，排除内心的杂念，一般来说练习 10 天左右就可完成真气运行法的第一步。

功效 降低心火，帮助脾胃的阳气聚集；对抗脾胃虚寒，对食欲减退有很好的疗效，可增强食欲。

注意 练习的过程中应该摒除杂念、注意放松。如果练习时杂念很多，可以采用数息法来排除杂念。

（2）意息相随丹田趋。

方法 每次练习感到心窝有微微发热的感觉时，就可以有意识地让呼吸逐渐下沉，往下延伸，慢慢将体内的真气推行到丹田的部位。

时间 分为早、中、晚三次练习，每次练习 25 ~ 30 分钟。如果练习效果较好，一般 10 天左右就可以感觉到体内的真气到达了丹田的位置。

功效 强化脾胃的功能，对一些消化系统的慢性疾病有很好的治疗效果，还能够改善便秘。

注意 在将真气引向丹田位置时，不能用力过大，否则会产生高热等不良反应。

（3）调息凝神守丹田。

方法 在练习真气运行法第三步的过程中会感觉到丹田发热，这时只需要将呼吸止于丹田的位置即可，不宜过分地再将呼吸往下，以免过度地损耗阴液。在这一步骤中只需要将呼吸放平稳，将意念守在丹田的部位即可。

时间 每日练习 3 次，每次在 30 分钟以上，40 天左右就会感觉到小腹部位充实有力。

功效 使人体的心肾相交，心神得到安宁，五脏六腑得到调和，对于阳痿早泄、月经不调等症状有很好的疗效。

注意 不要过分关注呼吸向下的情况，保持心境平和。

（4）通督勿忘复勿助。

方法　在练习真气运行法第四步的过程中会感觉到丹田的真气非常充实，这时可以有意识地引导真气沿着会阴督脉往上走，注意力要集中，上行的速度由真气的力量决定，不可强行进行，真气如果充实，自然可以继续上行。

时间　可以适当增加练习的次数，每次练习 40 ~ 60 分钟，一般一到两周即可完成第四步的练习。

功效　有效改善肾精亏虚的现象。

注意　需要量力而行，不能够强行进行真气的牵引。

（5）元神蓄力育生机。

方法　真气运行法第五步原则上依旧是意守丹田，督脉通畅之后，头顶的百会穴会感觉很有活力，这时可以意守头顶。

时间　每日练习一次即可，每次练习 60 分钟以上，持续练习 1 个月，人体上下丹田的力量会更加旺盛和集中。

功效　能够让全身的生理功能都得到改善，增强人体的免疫功能，治疗身体疾病，长期坚持还可以达到延年益寿的效果。

注意　最初真气充盈的时候可能会出现各种轻微的不适感，这时不必过于担心，只要坚持练习，这些不适的症状就会自行消失。

踢踢毽子，健康把肾养

踢毽子是一项非常古老的运动，并且踢毽子成本很低，不需要占用太大的空间，也不需要花费很多金钱，只要有时间，随时随地都可以玩。踢毽子对人的身体有很多好处，不仅能够放松心情，还可以健康把肾养。

踢毽子的补肾作用

踢毽子可以有效地锻炼人的腰部和腿部，有效促进人体新陈代谢，起到舒筋活络的作用，从而提高肾脏的功能，帮助人们更好地养肾。长期坚持踢毽子，可以让人们保持身体健康。

踢毽子的其他作用

踢毽子的作用还有很多。首先，可以放松心情，增强身体的活力和免疫力。其次，踢毽子可以锻炼身体的协调性和灵敏度，长期坚持可以让骨骼强壮，同时也可以改善视力。踢毽子对很多慢性病都有防治效果，可以帮助人们摆脱亚健康，并且对于常见的颈椎病、腰椎间盘突出症、肩周炎、坐骨神经痛等有好处。踢毽子对糖尿病等有辅助治疗作用，可以防止因运动不足出现的肌肉萎缩等情况。还可以有效治疗和矫正脚部畸形，改善“八字脚”等问题。

常见的踢毽子方法

踢毽子的方法有很多种，下面介绍 4 种比较常见的。

（1）盘提法。一只脚进行支撑，另外一只脚抬起，大腿向外转动，膝关节向外张，小腿向上摆动，用踝关节进行发力，用脚的内侧踢起下落的毽子。采用这种方式踢毽子需要注意要向上用力，让毽子可以垂直向上。同样的方法两只脚可以交替进行。初学者还可以用手将毽子垂直抛起，踢一次之后再用手接住，等熟练之后再连续踢，一般来说练习熟练之后一次踢到 200 次以上都非常轻松。

（2）磕踢法。用一条腿撑地，另一条腿抬起，小腿自然放松，用膝盖部位将毽子垂直磕起。在这一过程中大腿不可内含和外张，要保持垂直身体的姿势。毽子被磕起的高度不能够超过人的下颌，如此反复练习，左右交替即可熟练。

（3）拐踢法。一条腿撑地，另一条腿用小腿发力，向身体的斜后方抬起，用脚的外侧踢毽子，同时大腿放松。用这种方法左右交替进行，熟练之后可以与盘踢法、磕踢法结合起来练习。

（4）绷踢法。同样是一只脚支撑地面，另一只脚向前抬起，大约和身体成 150° 角，小腿向上提起，用踝关节发力，将脚尖绷起，用脚尖踢起落下的毽子。练习的过程中左右脚交替进行，熟练之后可以将以上 4 种方法结合起来，进行花样踢毽子。

踢毽子的注意事项

踢毽子虽然有很多好处，但是由于其是比较剧烈的运动项目，所以高血压或心脏病患者要避免或谨慎参加。踢毽子要掌握一定的方法和技巧，动作由简单入手，不可盲目进行，避免出现崴脚和摔倒的情况。

梳梳头，治少白头

梳头是一种有益于健康的头皮按摩方法，在古代人们就掌握了这种方法。隋朝医学家巢元方在《诸病源候论》和《白发候》中认为，白发的根源是身体虚弱、营养不良，故有“千过梳头，发不白”的设想，意即勤梳头可防止头发变白。现代医学也认为，经常梳头，可以让人的头皮和头发保持清洁，同时还能够加速头部的血液循环，增加头皮毛囊的营养，有效地防止头发变白。

中医认为，人的头部是阳气聚集的地方，也是人体中枢非常重要的地方，在人的头部有很多经脉和穴位，如果能够经常梳梳头，可以很好地按摩头部的穴位，达到舒筋活络的功效，还能够对头皮和头发起到滋养的效果。

梳头的养肾作用

人体的十二条经脉都交汇于头部，这些经脉对全身气血的运行有不可忽视的作用，能够滋养全身、抵御外邪、沟通表里，是人体重要的防御系统。人体的头发是肾脏和血液盛衰的表现，头发如果脱落和干枯，就说明了人体的肾气和血气比较衰弱，通过观察一个人的头发就可以大致了解其肾的健康状况，经常梳头有养肾的作用。

《养生论》说：“春三月，每朝梳头一二百下。”阳春三月，人体的阳气也会顺应自然进行生发，会向上和向外流动，头部是人体阳气汇集的地方，经常梳头，可以疏通气血，让阳气通达。同时梳头还可以按摩头部的百会、太阳、玉枕、风池等非常重要的穴位，改善头部毛囊的神经末梢和血液循环，有效地调节大脑的功能，长期坚持具有养神益脑、延缓衰老的功效。

梳头的方式

梳头可以有效治疗少白头，但需要长期坚持，每日早、中、晚 3 次为宜。早晨起床之后，可以先花 10 分钟梳头，梳头的手法可采用前后左右、顺梳和逆梳的方式，从额头一直梳到颈部，全方位地按摩头皮。梳头的力度应该由轻到重，速度应该由快到慢，梳头时可以闭目享受，保持心神平和。如果梳头的过程中头皮略微感到发麻，不必过于在意，停止梳头后会很快好转。梳完头之后还可以用双手搓搓脸，拉拉耳朵，抓抓颈部，让整个头皮的血脉畅通。

每日午饭之后，也可以利用 5 分钟的时间梳头，方法可以参照早上的进行稍微简化，只需要让头部的血脉重新活络起来，有效地刺激到头部的穴位即可。晚上睡觉之前，也可以利用 10 分钟的时间梳头，方法与早上的方法相同，让头部的穴位再次得到刺激和活络。但要注意晚上梳头的动作要更加轻柔缓慢一些，这样更加有助于睡眠，能够赶走压力，舒缓一天的紧张情绪，有效地避免白头发的出现。

如何选择梳子

在选择梳子时有一定的讲究，《本草纲目》中推荐了有清热凉血解毒功效的黄杨木梳；古代宫廷的妇女则喜欢用天然犀牛角梳子，犀牛角做成的梳子具有清热解毒的功效，可有效防治头痛、祛热降火；民间常用的梳子是用牛、羊角制成的，这类梳子能够去垢不沾，且手感温润，同时也具有镇惊、凉血的作用，对于头痛脑热、镇痛消炎有很好的作用，还能去屑护发、治疗失眠等症状。不建议选用塑料制品的梳子，这类梳子和头发摩擦会产生静电，有损头发。

梳头的禁忌

梳头虽好，但也有禁忌。如果头部有瘢痕或者创伤，暂时不宜梳头；头上有骨折、溃烂或者恶性肿瘤的也不宜梳头；饱餐之后不宜梳头，以免影响到脾胃的消化功能。年老体弱、孕妇或者儿童在梳头结束之后可以喝一杯温水，补充体内的水分，可有效促进新陈代谢，同时也要注意休息。婴儿不宜采用以上所述的方法梳头。

不再耳鸣，强本固肾，常做鸣天鼓

鸣天鼓是我国古代流行的一种按摩方法，据说唐朝药王孙思邈活了100多岁，视力和听力仍然很好，神采奕奕，与他在《养生铭》中提到的“亥侵鸣天鼓，寅兴嗽玉津”是分不开的，也就是我们说的鸣天鼓。

鸣天鼓的强本固肾作用

中医认为，肾开窍于耳，因此耳鸣与肾气的强弱有着密切的关系，如果肾气充足那么人就会听觉灵敏，肾虚则会导致头晕耳鸣。练习鸣天鼓，可以让人体的经络和肾气得到调理，经脉得到疏通，掩耳和叩击的过程也可以对耳部产生一定的刺激，不仅有补肾强肾的功效，对耳鸣、头晕、健忘等肾虚的症状都有一定的预防和治疗效果。

鸣天鼓的具体做法

鸣天鼓的具体做法是，将两边手肘撑在桌子上面，闭上眼睛低着头，两边手掌的掌心紧贴着双耳，十指放在后脑，然后将食指抬起来放在中指上，两个食指同时用力，从中指下面弹击脑后枕骨的凹陷处，也就是风池的位置，此时会发出“咚咚”的鸣鼓一样的声音。鸣天鼓每日可以做3次左右，每次做60下左右，如果耳鸣、耳聋的情况比较严重，动作可以适当加重。鸣天鼓非常简单易学，很适合老年人用来日常保健护耳。

鸣天鼓的注意事项

在做鸣天鼓时，首先，一定要注意动作要规范，双掌一定要掩住耳朵，屏蔽环境的声音；其次，力度一定要适中，要以耳部能够承受的力量为宜，不能用过大的力，否则会对耳部造成一定的伤害。鸣天鼓的练习需要在开窗通气的环境进行，在练习的过程中需要呼吸顺畅，思想集中，身体必须保持平直舒适。